CLASSIQUES & CIE LYCÉE

Molière

Le Tartuffe
ou l'Imposteur (1669)

suivi de la Lettre sur la comédie
de l'Imposteur (1667)

Préface d'**Arthur Nauzyciel**

Texte intégral suivi d'un dossier critique
pour la préparation du bac français

Collection dirigée par
Johan Faerber

Édition établie, annotée et commentée par
Laurence Rauline
agrégée de lettres modernes
docteur en littérature française de l'âge classique

Hatier

LE TEXTE

LE DOSSIER

Conception graphique de la maquette :
Texte : c-album, Jean-Baptiste Taisne, Rachel Pfleger
Dossier : Jehanne-Marie Husson
Principe de couverture : Double
Mise en pages : Chesteroc Ltd
Suivi éditorial : Alice De Wolf

© Hatier, Paris, 2011
ISBN : 978-2-218-95891-5

OBJECTIF BAC

POUR ALLER PLUS LOIN

Préface d'Arthur Nauzyciel

Mon petit classique était orange et noir. Les photos en noir et blanc. On dessinait des moustaches à Elmire, des binocles à Orgon. Eugen Klopfer, Louis Seigner, Louis Jouvet, Fernand Ledoux, François Perrier. Éventuellement Annie Ducaux, Monique Mélinand. Visiblement, *Tartuffe* est une pièce d'hommes. Ils ont tous des drôles de têtes, des maquillages outranciers, des perruques, font des mines. Donc, c'est ça, le Théâtre.

Je m'endors, le temps passe lentement.

On nous pose des questions, j'ai beau lire les vers, je n'y comprends pas grand-chose, je regarde les photos, je lis les notes en bas de page, j'apprends des monologues par cœur, ils seront ânonnés sur l'estrade « avec le ton ». Le ton s'insinue en moi. Le tout s'inscrit, dépose, se fossilise en moi. Un vague sens, une vague impression. Une certaine idée de la pièce. Une certaine idée du théâtre.

À l'école, il y a souvent comme un effet Jivaro sur les classiques. Partant de l'intention louable de transmettre les grandes œuvres du répertoire, on fait d'un grand texte « un petit classique », et du théâtre, de la littérature debout. On nous parle de style, personnage, psychologie. Les notes en bas de page nous apprennent que c'est comique ou tragique. On nous demande si on trouve Marianne gentille ou pas. On nous explique qu'Orgon est aveuglé. On nous demande encore en quoi Dorine représente « le bon sens populaire ». Or le Théâtre est un Art. Le texte de théâtre est peut-être un genre qui s'inscrit dans le champ plus vaste de la littérature, mais on pourrait dire qu'il y a le texte de théâtre et le Théâtre, qui sont deux choses différentes. À l'école, on n'étudie pas le Théâtre, on lit des textes de théâtre. Lirait-on un scénario en appelant ça « le cinéma » ? L'art du Théâtre est lié à celui de la mise en scène, part du texte, en révèle le sens et l'écriture, ce qui est dit et ce qu'on en a dit, en donne une vision. Pas une illustration. Le Théâtre n'a pas à illustrer le commentaire que l'on pourrait faire d'une œuvre. Le Théâtre ne délivre pas de message. Il relève de l'art, de la poésie, du rêve. Donc du mystère, de l'invisible, de ce qui échappe. Le Théâtre vient révéler par l'écriture et les outils du théâtre, ce que dit le texte et au delà : quelque chose de l'Art, quelque chose du Monde, quelque chose de l'Homme, et quelque chose de l'auteur, de son intimité, de son souffle et de ses battements de cœur.

Quand j'étais élève d'Antoine Vitez, au Théâtre national de Chaillot, il nous faisait travailler *Tartuffe* selon un principe de mise en scène et de jeu qu'il aimait beaucoup : « vite et mal », c'est-à-dire le texte en mains, nous avancions à l'instinct, et au fur et à mesure de ce que l'on proposait spontanément ou de ce qu'on lisait, il nous dirigeait, nous renvoyait des images, des idées, des situations, des indications. Pourquoi cet exercice avec cette pièce ? Peut-être parce que la pièce échappe au style justement, et permet donc de remettre en question cette idée du genre, et donc d'un « ton » théâtral. Pièce de ruptures, tenue des alexandrins, beauté de l'écriture alternant avec des moments farcesques, des sentiments tragiques, la mélancolie qui pointe au détour d'un vers ou d'une fin de scène, des concepts philosophiques. De même que Vitez parlait de « faire théâtre de tout », *Tartuffe* est fait de tout le Théâtre. La pièce, il ne faut pas l'oublier, est écrite par un praticien : un acteur, metteur en scène, chef de troupe, auteur. Un homme de plateau qui concilie le sens de l'art, l'audace, le sens du jeu et les douleurs intimes. Mauvaises blagues, morceaux de bravoures, profondeurs des sentiments, tentative formelle, situations convenues, innovations, citations, reprises, percées métaphysiques : le texte est fait de tout ça. Cela veut dire aussi que les scènes peuvent se justifier ou s'éclairer selon le sens, mais aussi selon les besoins du plateau et de la troupe, la nécessité de produire du théâtre, le plaisir de l'événement théâtral. Traverser *Tartuffe* livre en mains, c'est se laisser traverser par un magma, un monstre (au sens médiéval du terme). Tartuffe est un monstre, et le texte l'est aussi : le corps du texte, comme on dit, tient du monstre, de l'impur, du bricolage étrange et génial. Et il charrie avec lui l'époque et son histoire.

Tout est construit par la langue. L'acteur doit se laisser faire par ce qu'il énonce. La pièce est écrite en vers. Il ne s'agit donc pas de psychologie mais de langage. Personne ne parle en vers. On peut se poser la première question intéressante, théâtralement. Pourquoi cette pièce est-elle écrite en vers ? Quelle construction du Monde derrière la construction en alexandrins ? Ça rend caduque l'idée de la construction du personnage et de son interprétation psychologique : dans la vraie vie, personne ne parle en alexandrins. Ça rend caduque l'idée du personnage dans le sens moderne, disons « xxe siècle », du terme. Ce théâtre ne cherche pas l'imitation directe du monde extérieur, il n'imite pas le réel. Il explore le monde plus qu'il ne le figure. C'est une construction mentale. Les alexandrins s'empilent, la pensée se déploie et l'acteur (trice) essaie de suivre. L'intelligence est en dehors de nous. « Dire » la pièce nous rend intelligent, on la comprend *après coup*. La langue nous mène. Dans son affolement ou son élaboration réfléchie, tel un tetris du xviie siècle, les vers tombent, implacables, comme des briques et bâtissent un mur solide, un monument qui nous nargue encore aujourd'hui. Les classiques sont une mémoire du futur comme le mégalithe de *2001, l'Odyssée de l'espace*. Un objet énigmatique qui traverse les temps, dans lequel une société peut puiser la connaissance, véhiculant ainsi une mémoire de l'humanité passée et à venir. Ils nous survivront. Nous, nous ne faisons que passer. Ce sont des « time capsules » issues d'un passé lointain, qui nous accompagnent encore aujourd'hui et pour les siècles à venir. Ces capsules de temps contiennent une mémoire collective des comportements humains – aspirations, attentes, illusions. Elles se posent là, sur la scène et on les ouvre. Elles sont comme des hologrammes, ou des étoiles dont la lumière nous parvient bien après leur mort. Ils sont un guide, un mode d'emploi pour l'avenir. Ils sont et seront toujours interrogeables car ils sont une vérité et un mystère, ce qui échappe.

Je n'aime pas l'idée d'aveuglement que l'on prête souvent à Orgon, et qui suppose abus, faiblesse, passivité, victime. Les grands personnages de Molière ont une vision, un idéal. À leur façon, ils s'entêtent à vouloir changer le Monde. Et ils ont la passion de leur passion. Profondément subversifs, ils le veulent plus innocent (Arnolphe), plus artistique (Jourdain), plus philosophe (Argan), plus vrai (Orgon). « Mais je veux que cela soit une vérité » dit Orgon (II, 1). Le monde pourrait se plier à leurs désirs. Au besoin, ils le créent. Ils vivent utopiques. Ils rêvent fort. C'est obligé : le théâtre est justement le lieu du rêve, plutôt un « entre-deux mondes » pris entre l'illusion et le réel, que les personnages de Molière (et Molière lui-même) construisent et habitent. Tartuffe est un double d'Orgon. Sa créature. Celui qu'il aurait aimé être et qu'il aime aimer. Jusqu'à ce que ça lui échappe. Un Frankenstein qu'on ramène un soir à la maison, et dont la fonction va être de révéler la petitesse de la famille morale et bienpensante, d'une société ennuyeuse. Orgon n'est pas raisonnable. Et comme Arnolphe élevait dans le secret Agnès et la préparait à révéler l'impureté du Monde, Orgon invente Tartuffe, un Golem, une bombe qu'il balance dans un monde étriqué et moralisateur, afin d'en exploser les limites, les conventions, la mesquine spiritualité, les perspectives conformistes. Une version abrupte et inaboutie du Terence Stamp de *Théorème*.

Il y a dans *Tartuffe* une critique de la Religion, certes, mais de la religion comme ordre moral, et non comme l'expression d'une foi, d'une spiritualité, d'un mystère, ou d'une nécessité inhérente à la nature humaine. En adorant Tartuffe, Orgon fait la démonstration de sa foi. Et il invente sa vérité. Mais au XVIIe siècle, on ne se substitue pas à Dieu, on ne s'amuse pas à réparer le Monde (parfait car voulu tel par Lui) et les défauts des hommes. Et un jour le réel vient attaquer le rêve de ce *Truman*

Show métaphysique, ces rêveurs s'évanouissent dans un souffle à la fin d'une scène de résolution expédiée pour sacrifier au genre et rassurer la Cour. À la fin, la Société, la Morale, le Roi exigent que tout rentre dans l'ordre. Alors effectivement, à la fin de la pièce, tout rentre en ordre. C'est très mélancolique. Mais Orgon aura essayé, il aura aimé, il aura vécu.

Ma première mise en scène s'appelait *Le Malade imaginaire ou le silence de Molière*. Ce spectacle était né de cette révélation : le théâtre est un lieu de réparation, un lieu où les morts retrouvent les vivants, où l'imaginaire et le Monde se confondent, où les frontières du visible et de l'invisible s'estompent. Ça ne peut arriver que là. Au milieu des siens dans le rôle d'Argan, Molière entend cette pièce écrite par lui pour ses amis, sa famille, sa petite fille absente, ses enfants morts, ses fantômes. Il joue Argan et leur dit « adieu » en même temps. Au début du *Malade imaginaire,* Molière lance à Dieu un défi : « Ah, mon Dieu ! ils me laisseront ici mourir », et en effet, Molière meurt presque en scène, et l'artiste réussit enfin le coup de maître absolu, il se substitue à Dieu, meurt comme il le rêve – sur le plateau – entouré de sa troupe. Et devient immortel, tant l'événement nous a marqué. Il est celui qui a réussi cela : par le théâtre, faire se rencontrer le désir, la fiction, le réel, l'absolu, et l'éternité.

> « Elle est retrouvée.
> Quoi ? – L'Éternité.
> C'est la mer allée
> Avec le soleil. »
> Arthur Rimbaud, *L'Éternité.*

LE TARTUFFE
OU
L'IMPOSTEUR[1]

Comédie
par J.-B. P. de Molière

À Paris

chez Jean Ribou, au Palais, vis-à-vis
la Porte de l'Église de la Sainte-Chapelle,
à l'Image Saint Louis.

M. DC. LXIX
Avec privilège du roi

---

1. *Imposteur* : individu qui abuse de la crédulité d'autrui, en prenant les apparences de la vertu. Au XVIIe siècle, ce terme pouvait également constituer une allusion libertine au *Traité des trois imposteurs*. Ces « trois imposteurs » étaient Moïse, Jésus-Christ et Mahomet, fondateurs des religions juive, chrétienne et musulmane.

Préface

controversy/fuss

Voici une comédie dont on a fait beaucoup de bruit[1], qui a été longtemps persécutée[2] ; et les gens qu'elle joue[3] ont bien fait voir qu'ils étaient plus puissants en France que tous ceux que j'ai joués jusques ici. Les marquis, les précieuses[4], les cocus et les médecins ont souffert[5] doucement[6] qu'on les ait représentés, et ils ont fait semblant de se divertir, avec tout le monde, des peintures que l'on a faites d'eux ; mais les hypocrites n'ont point entendu raillerie[7] ; ils se sont effarouchés d'abord[8], et ont trouvé étrange que j'eusse la hardiesse de jouer leurs grimaces et de vouloir décrier un métier dont tant d'honnêtes gens se mêlent. C'est un crime qu'ils ne sauraient me pardonner ; et ils se sont tous armés contre ma comédie avec une fureur épouvantable. Ils n'ont eu garde[9] de l'attaquer par le côté qui les a blessés : ils sont trop politiques[10] pour cela, et savent trop bien vivre pour découvrir le fond de leur âme. Suivant leur louable coutume, ils ont couvert leurs intérêts de la cause de Dieu ; et *Le Tartuffe*, dans leur bouche, est une pièce qui offense la piété. Elle est, d'un bout à l'autre, pleine d'abominations, et l'on n'y trouve rien qui

from start to finish

1. *Dont on a fait beaucoup de bruit* : qui a eu beaucoup de retentissement, qui a créé le scandale. \ **2.** Les représentations de la pièce cessent quelques jours après la première, le 12 mai 1664. Molière en présente au public une deuxième version intitulée *Panulphe ou l'Imposteur* le 5 août 1667, elle aussi interdite quelques jours plus tard. Ce n'est qu'à partir du 5 février 1669 que la pièce, dans une troisième version, peut être jouée librement. \ **3.** *Les gens qu'elle joue* : les gens dont elle se moque. \ **4.** *Précieuses* : élégantes, qui s'efforcent de se distinguer par le raffinement de leur langage et de leurs mœurs. \ **5.** *Souffrir* : supporter. \ **6.** *Doucement* : sans faire de bruit. \ **7.** *Entendu raillerie* : compris la moquerie. \ **8.** *D'abord* : d'emblée. \ **9.** *Ils n'ont eu garde* : ils se sont prudemment abstenus. \ **10.** *Politiques* : habiles, manipulateurs.

a mere winle

ne mérite le feu[11]. Toutes les syllabes en sont impies ; les gestes
20 même y sont criminels ; et le moindre coup d'œil, le moindre
branlement de tête, le moindre pas à droite ou à gauche y cache
des mystères qu'ils trouvent moyen d'expliquer à mon désavantage. J'ai eu beau la soumettre aux lumières de mes amis, et à la
censure de tout le monde, les corrections que j'y ai pu faire, le
25 jugement du roi et de la reine, qui l'ont vue[2], l'approbation des
grands princes et de messieurs les ministres, qui l'ont honorée
publiquement de leur présence, le témoignage des gens de
bien, qui l'ont trouvée profitable, tout cela n'a de rien servi. Ils
n'en veulent point démordre ; et, tous les jours encore, ils font
30 crier en public des zélés indiscrets, qui me disent des injures
pieusement, et me damnent par charité.

Je me soucierais fort peu de tout ce qu'ils peuvent dire,
n'était l'artifice qu'ils ont de me faire des ennemis que je
respecte, et de jeter dans leur parti de véritables gens de bien,
35 dont ils préviennent la bonne foi[3], et qui, par la chaleur qu'ils
ont pour les intérêts du ciel, sont faciles à recevoir[4] les
impressions qu'on veut leur donner. Voilà ce qui m'oblige à
me défendre. C'est aux vrais dévots que je veux partout me
justifier sur la conduite de ma comédie ; et je les conjure, de
40 tout mon cœur, de ne point condamner les choses avant que
de les voir, de se défaire de toute prévention[5], et de ne point
servir la passion de ceux dont les grimaces les déshonorent.

Si l'on prend la peine d'examiner de bonne foi ma comédie, on
verra sans doute[6] que mes intentions y sont partout innocentes,

---

1. *Feu* : châtiment réservé aux impies et aux libertins. \ 2. Louis XIV et son épouse ont vu
la pièce en mai 1664 et en février 1669. \ 3. *Préviennent la bonne foi* : mettent par avance
l'esprit dans des dispositions défavorables. \ 4. *Sont faciles à recevoir* : reçoivent facilement. \ 5. *Prévention* : préjugé. \ 6. *Sans doute* : sans aucun doute, assurément.

45 et qu'elle ne tend nullement à jouer les choses que l'on doit révérer ; que je l'ai traitée avec toutes les précautions que me demandait la délicatesse de la matière et que j'ai mis tout l'art et tous les soins qu'il m'a été possible pour bien distinguer le personnage de l'hypocrite d'avec celui du vrai dévot. J'ai

50 employé pour cela deux actes entiers à préparer la venue de mon scélérat. Il ne tient pas un seul moment l'auditeur en balance[1] ; on le connaît d'abord aux marques que je lui donne ; et, d'un bout à l'autre, il ne dit pas un mot, il ne fait pas une action, qui ne peigne aux spectateurs le caractère d'un méchant

55 homme, et ne fasse éclater celui du véritable homme de bien que je lui oppose.

Je sais bien que, pour réponse, ces messieurs tâchent d'insinuer que ce n'est point au théâtre à parler de ces matières[2] ; mais je leur demande, avec leur permission, sur quoi ils fondent

60 cette belle maxime. C'est une proposition qu'ils ne font que supposer, et qu'ils ne prouvent en aucune façon ; et, sans doute, il ne serait pas difficile de leur faire voir que la comédie[3], chez les anciens, a pris son origine de la religion, et faisait partie de leurs mystères[4] ; que les Espagnols, nos voisins, ne célèbrent

65 guère de fête où la comédie ne soit mêlée, et que même, parmi nous, elle doit sa naissance aux soins d'une confrérie à qui appartient encore aujourd'hui l'Hôtel de Bourgogne[5], que c'est un lieu qui fut donné pour y représenter les plus importants mystères de notre foi ; qu'on en voit encore des comédies impri-

---

1. *En balance* : dans le doute. \ 2. *Ces matières* : ces sujets, à savoir la religion. \ 3. *La comédie* : le théâtre. \ 4. *Mystères* : cérémonies religieuses, pièces de théâtre à sujet religieux. \ 5. La confrérie de la « Passion et de la Résurrection de Jésus-Christ » possédait la salle de théâtre de l'Hôtel de Bourgogne et la louait aux comédiens. C'est une confrérie qui faisait représenter de nombreux mystères, en particulier ceux liés à la passion du Christ. Elle est supprimée quelques années après la mort de Molière.

70 mées en lettres gothiques, sous le nom d'un docteur de
Sorbonne[1] et, sans aller chercher si loin que l'on a joué, de
notre temps, des pièces saintes de M. de Corneille, qui ont
été l'admiration de toute la France[2].

Si l'emploi de la comédie est de corriger les vices des
75 hommes, je ne vois pas par quelle raison il y en aura de privi-
légiés. Celui-ci est, dans l'État, d'une conséquence bien plus
dangereuse que tous les autres ; et nous avons vu que le théâtre
a une grande vertu pour la correction. Les plus beaux traits
d'une sérieuse morale sont moins puissants, le plus souvent,
80 que ceux de la satire ; et rien ne reprend mieux la plupart des
hommes que la peinture de leurs défauts. C'est une grande
atteinte aux vices que de les exposer à la risée de tout le monde.
On souffre aisément des répréhensions[3] ; mais on ne souffre
point la raillerie. On veut bien être méchant, mais on ne veut
85 point être ridicule.

On me reproche d'avoir mis des termes de piété dans la
bouche de mon Imposteur. Et pouvais-je m'en empêcher, pour
bien représenter le caractère d'un hypocrite ? Il suffit, ce me
semble, que je fasse connaître les motifs criminels qui lui font
90 dire les choses, et que j'en aie retranché les termes consacrés[4],
dont on aurait eu peine à lui entendre faire un mauvais usage.
Mais il débite au quatrième acte une morale pernicieuse. Mais
cette morale est-elle quelque chose dont tout le monde n'eût
les oreilles rebattues[5] ? Dit-elle rien de nouveau dans ma

---

1. Il s'agit de Jehan Michel, docteur en médecine, auteur d'un *Mystère de la passion* (1490)
et d'un *Mystère de la résurrection* (date inconnue). \ 2. Il s'agit de *Polyeucte* (1643) et de
Théodore, vierge et martyre (1646), deux tragédies chrétiennes de Corneille. \ 3. *Répréhensions* : critiques, blâmes. \ 4. *Termes consacrés* : paroles sacrées. \ 5. La « morale pernicieuse »
des casuistes, que soutient Tartuffe, est connue et dénoncée dans les *Provinciales* (1656-
1657), œuvre de Pascal qui connut un succès considérable.

95 comédie ? Et peut-on craindre que des choses si généralement
détestées fassent quelque impression dans les esprits ; que je
les rende dangereuses en les faisant monter sur le théâtre ;
qu'elles reçoivent quelque autorité de la bouche d'un scélérat ?
Il n'y a nulle apparence à cela ; et l'on doit approuver la comédie
100 du *Tartuffe*, ou condamner généralement toutes les comédies.

C'est à quoi l'on s'attache furieusement depuis un temps,
et jamais on ne s'était si fort déchaîné contre le théâtre[1]. Je
ne puis pas nier qu'il n'y ait eu des Pères de l'Église qui ont
condamné la comédie ; mais on ne peut pas me nier aussi qu'il
105 n'y en ait eu quelques-uns qui l'ont traitée un peu plus doucement. Ainsi l'autorité dont on prétend appuyer la censure est
détruite par ce partage ; et toute la conséquence qu'on peut
tirer de cette diversité d'opinions en des esprits éclairés des
mêmes lumières, c'est qu'ils ont pris la comédie différem-
110 ment, et que les uns l'ont considérée dans sa pureté, lorsque
les autres l'ont regardée dans sa corruption, et confondue avec
tous ces vilains spectacles qu'on a eu raison de nommer des
spectacles de turpitude[2].

Et, en effet, puisqu'on doit discourir des choses et non pas
115 des mots, et que la plupart des contrariétés viennent de ne se
pas entendre[3] et d'envelopper dans un même mot des choses
opposées, il ne faut qu'ôter le voile de l'équivoque, et regarder
ce qu'est la comédie en soi, pour voir si elle est condamnable.

---

1. Allusion à la querelle de la moralité du théâtre. Ce conflit ancien retrouve une actualité
avec la querelle du *Tartuffe*. Pierre Nicole accuse le théâtre de favoriser l'impiété (voir son
Traité de la comédie, 1667). Conti, autrefois protecteur de Molière, dénonce également le
théâtre avec vigueur dans son *Traité de la comédie et des spectacles, selon la tradition de l'Église
tirée des conciles et des Saints-Pères* (1666), après sa spectaculaire conversion à une pratique
religieuse très austère. \ **2.** *Spectacles de turpitude* : expression de saint Augustin, qui fait
référence aux spectacles considérés comme immoraux, tels les jeux du cirque. \ **3.** *Entendre* :
comprendre.

On connaîtra sans doute que, n'étant autre chose qu'un poème
120 ingénieux, qui, par des leçons agréables, reprend les défauts
des hommes, on ne saurait la censurer sans injustice ; et, si
nous voulons ouïr là-dessus le témoignage de l'antiquité, elle
nous dira que ses plus célèbres philosophes ont donné des
louanges à la comédie, eux qui faisaient profession d'une
125 sagesse si austère, et qui criaient sans cesse après les vices
de leur siècle ; elle nous fera voir qu'Aristote a consacré des
veilles au théâtre, et s'est donné le soin de réduire en préceptes
l'art de faire des comédies[1] ; elle nous apprendra que de ses
plus grands hommes, et des premiers en dignité, ont fait
130 gloire d'en composer eux-mêmes, qu'il y en a eu d'autres qui
n'ont pas dédaigné de réciter en public celles qu'ils avaient
composées[2], que la Grèce a fait pour cet art éclater son estime
par les prix glorieux et par les superbes théâtres dont elle a
voulu l'honorer, et que, dans Rome enfin, ce même art a reçu
135 aussi des honneurs extraordinaires : je ne dis pas dans Rome
débauchée, et sous la licence[3] des empereurs, mais dans Rome
disciplinée, sous la sagesse des consuls, et dans le temps de la
vigueur de la vertu romaine[4].

J'avoue qu'il y a eu des temps où la comédie s'est corrompue.
140 Et qu'est-ce que dans le monde on ne corrompt point tous les
jours ? Il n'y a chose si innocente où les hommes ne puissent
porter du crime, point d'art si salutaire dont ils ne soient

---

1. Allusion à la *Poétique* d'Aristote, qui sert de référence à l'élaboration des règles du théâtre classique. Dans ce contexte, le terme de « comédies » désigne les pièces de théâtre en général, quel que soit leur genre. \ **2.** D'après les contemporains de Molière, Scipion Émilien avait collaboré aux comédies de Térence. \ **3.** *Licence* : excès, libertinage. \ **4.** Molière oppose l'Empire (509 av. J.-C. -27 av. J.-C.), pour l'Empire romain d'Occident), temps de la débauche, à la République (27 av. J.-C.-476 ap. J.-C.), temps supposé de la vertu romaine. Cette conception repose sur une vision en partie mythique de la République, que les Romains avaient eux-mêmes développée.

capables de renverser les intentions, rien de si bon en soi qu'ils ne puissent tourner à de mauvais usages. La médecine est un
145 art profitable, et chacun la révère comme une des plus excellentes choses que nous ayons ; et cependant il y a eu des temps où elle s'est rendue odieuse, et souvent on en a fait un art d'empoisonner les hommes. La philosophie est un présent du Ciel ; elle nous a été donnée pour porter nos esprits à la
150 connaissance d'un Dieu par la contemplation des merveilles de la nature ; et pourtant on n'ignore pas que souvent on l'a détournée de son emploi, et qu'on l'a occupée publiquement à soutenir l'impiété. Les choses même les plus saintes ne sont point à couvert de la corruption des hommes ; et nous voyons
155 des scélérats qui, tous les jours, abusent de la piété, et la font servir méchamment aux crimes les plus grands. Mais on ne laisse pas pour cela de [1] faire les distinctions qu'il est besoin de faire. On n'enveloppe point dans une fausse conséquence la bonté des choses que l'on corrompt, avec la malice des corrup-
160 teurs. On sépare toujours le mauvais usage d'avec l'intention de l'art ; et comme on ne s'avise point de défendre la méde-cine [2] pour avoir été bannie de Rome [3], ni la philosophie pour avoir été condamnée publiquement dans Athènes [4], on ne doit point aussi vouloir interdire la comédie pour avoir été censurée
165 en de certains temps. Cette censure a eu ses raisons, qui ne subsistent point ici. Elle s'est renfermée dans ce qu'elle a pu voir ; et nous ne devons point la tirer des bornes qu'elle s'est données, l'étendre plus loin qu'il ne faut, et lui faire embrasser

---

1. *On ne laisse pas {…} de* : on ne s'abstient pas, on ne manque pas de. \ **2.** *Défendre la médecine* : interdire la pratique de la médecine. \ **3.** *Pour avoir été bannie de Rome* : sous prétexte qu'elle a été bannie de Rome. Le décret qui expulse les Grecs d'Italie, « longtemps après Caton » selon Pline l'Ancien, a également concerné les médecins. \ **4.** Allusion au procès et à la condamnation de Socrate, philosophe grec.

l'innocent avec le coupable. La comédie qu'elle a eu dessein[1]
170 d'attaquer n'est point du tout la comédie que nous voulons
défendre. Il se faut bien garder de confondre celle-là avec
celle-ci. Ce sont deux personnes de qui les mœurs sont tout à
fait opposées. Elles n'ont aucun rapport l'une avec l'autre que
la ressemblance du nom ; et ce serait une injustice épouvan-
175 table que de vouloir condamner Olympe, qui est femme de
bien[2], parce qu'il y a eu une Olympe qui a été une débauchée.
De semblables arrêts, sans doute, feraient un grand désordre
dans le monde. Il n'y aurait rien par-là qui ne fût condamné ;
et, puisque l'on ne garde point cette rigueur à tant de choses
180 dont on abuse tous les jours, on doit bien faire la même grâce
à la comédie, et approuver les pièces de théâtre où l'on verra
régner l'instruction et l'honnêteté.

   Je sais qu'il y a des esprits dont la délicatesse ne peut souffrir
aucune comédie, qui disent que les plus honnêtes sont les plus
185 dangereuses, que les passions que l'on y dépeint sont d'autant
plus touchantes qu'elles sont pleines de vertu, et que les âmes
sont attendries par ces sortes de représentations. Je ne vois pas
quel grand crime c'est que de s'attendrir à la vue d'une passion
honnête ; et c'est un haut étage de vertu que cette pleine insen-
190 sibilité où ils veulent faire monter notre âme. Je doute qu'une
si grande perfection soit dans les forces de la nature humaine ;
et je ne sais s'il n'est pas mieux de travailler à rectifier et adoucir
les passions des hommes, que de vouloir les retrancher entièrement. J'avoue qu'il y a des lieux qu'il vaut mieux fréquenter
195 que le théâtre ; et, si l'on veut blâmer toutes les choses qui ne
regardent pas directement Dieu et notre salut, il est certain que

---

1. *A eu dessein* : a eu l'intention. \ **2.** Allusion possible à la nièce du cardinal Mazarin, Olympe Mancini, précieuse que Louis XIV courtisa à partir de 1654.

la comédie en doit être, et je ne trouve point mauvais qu'elle soit condamnée avec le reste. Mais, supposé, comme il est vrai, que les exercices de la piété souffrent des intervalles et que les
200 hommes aient besoin de divertissement, je soutiens qu'on ne leur en peut trouver un qui soit plus innocent que la comédie. Je me suis étendu trop loin. Finissons par un mot d'un grand prince [1] sur la comédie du *Tartuffe*.

Huit jours après qu'elle eut été défendue, on représenta
205 devant la Cour une pièce intitulée *Scaramouche ermite* [2] ; et le roi, en sortant, dit au grand prince que je veux dire : « Je voudrais bien savoir pourquoi les gens qui se scandalisent si fort de la comédie de Molière ne disent mot de celle de *Scaramouche*. » À quoi le prince répondit : « La raison de cela, c'est
210 que la comédie de *Scaramouche* joue le ciel et la religion, dont ces messieurs-là ne se soucient point ; mais celle de Molière les joue eux-mêmes ; c'est ce qu'ils ne peuvent souffrir. »

makes fun of religion + sacred things that these gentlemen do not care for at all BUT Tartuffe – makes fun of them

---

1. Allusion probable au Grand Condé. \ **2.** *Scaramouche ermite* : farce jouée par les Italiens en 1664 et dans laquelle un moine séduit une femme mariée.

Placets au roi

[handwritten: petition]

Premier placet[1] présenté au roi,

SUR LA COMÉDIE DU *TARTUFFE* (1664)

Sire,

[handwritten: being to correct vices of men through entertaining]

Le devoir de la comédie étant de corriger les hommes en les divertissant[2], j'ai cru que, dans l'emploi où je me trouve, je n'avais rien de mieux à faire que d'attaquer par des peintures
5 ridicules les vices de mon siècle ; et, comme l'hypocrisie, sans doute, en est un des plus en usage, des plus incommodes et des plus dangereux, j'avais eu, Sire, la pensée que je ne rendrais pas un petit service à tous les honnêtes gens de votre royaume, si je faisais une comédie qui décriât les hypocrites, et mît en vue,
10 comme il faut, toutes les grimaces étudiées de ces gens de bien à outrance[3], toutes les friponneries couvertes de ces faux monnayeurs en dévotion, qui veulent attraper les hommes avec un zèle contrefait[4] et une charité sophistique[5].

Je l'ai faite, Sire, cette comédie, avec tout le soin, comme
15 je crois, et toutes les circonspections[6] que pouvait demander

---

1. *Placet* : écrit adressé à un puissant pour demander justice ou obtenir une faveur. \ **2.** Molière traduit presque littéralement le précepte traditionnel, dont l'origine est assez floue et qui donne l'objectif de la comédie : *castigat ridendo mores* (« elle châtie les mœurs par le rire »). \ **3.** *Gens de bien à outrance* : gens qui font preuve d'un zèle excessif et affecté en matière de morale. \ **4.** *Contrefait* : imité, feint, artificiel. \ **5.** *Sophistique* : fondée sur de faux discours, trompeuse. \ **6.** *Circonspection* : prudence.

la délicatesse de la matière ; et, pour mieux conserver l'estime et le respect qu'on doit aux vrais dévots, j'en ai distingué le plus que j'ai pu le caractère que j'avais à toucher. Je n'ai point laissé d'équivoque, j'ai ôté ce qui pouvait confondre le bien
20 avec le mal, et ne me suis servi dans cette peinture que des couleurs expresses et des traits essentiels qui font reconnaître d'abord [1] un véritable et franc [2] hypocrite.

Cependant toutes mes précautions ont été inutiles. On a profité, Sire, de la délicatesse de votre âme sur les matières de
25 religion, et l'on a su vous prendre par l'endroit seul que vous êtes prenable, je veux dire par le respect des choses saintes. Les tartuffes [3], sous main [4], ont eu l'adresse de trouver grâce auprès de Votre Majesté ; et les originaux enfin ont fait supprimer la copie [5], quelque innocente qu'elle fût, et quelque
30 ressemblante qu'on la trouvât.

Bien que ce m'ait été un coup sensible que la suppression de cet ouvrage, mon malheur, pourtant, était adouci par la manière dont Votre Majesté s'était expliquée sur ce sujet ; et j'ai cru, Sire, qu'elle m'ôtait tout lieu de me plaindre, ayant
35 eu la bonté de déclarer qu'elle ne trouvait rien à dire dans cette comédie qu'elle me défendait de produire en public.

Mais, malgré cette glorieuse déclaration du plus grand roi du monde et du plus éclairé, malgré l'approbation encore de M. le légat [6], et de la plus grande partie de nos prélats [7], qui
40 tous, dans les lectures particulières que je leur ai faites de mon ouvrage, se sont trouvés d'accord avec les sentiments de Votre

---

1. *D'abord* : d'emblée, au premier coup d'œil. \ 2. *Un franc hypocrite* : un véritable hypocrite. \ 3. *Les tartuffes* : les hypocrites. \ 4. *Sous main* : en cachette. \ 5. *Les originaux ont fait supprimer la copie* : les tartuffes ont fait interdire le personnage qui imitait leur vice. \ 6. *M. le légat* : le cardinal Chigi, qui avait accepté que Molière lui lût sa pièce en août 1664. \ 7. *Prélats* : dignitaires de l'Église.

Majesté ; malgré tout cela, dis-je, on voit un livre composé par le curé de... [1], qui donne hautement un démenti à tous ces augustes témoignages. Votre Majesté a beau dire, et M. le légat et MM. les prélats ont beau donner leur jugement, ma comédie, sans l'avoir vue, est diabolique, et diabolique mon cerveau ; je suis un démon vêtu de chair et habillé en homme, un libertin [2], un impie digne d'un supplice exemplaire. Ce n'est pas assez que le feu expie en public mon offense, j'en serais quitte à trop bon marché ; le zèle charitable de ce galant homme de bien n'a garde de demeurer là : il ne veut point que j'aie de miséricorde auprès de Dieu, il veut absolument que je sois damné, c'est une affaire résolue.

Ce livre, Sire, a été présenté à Votre Majesté ; et, sans doute, elle juge bien elle-même combien il m'est fâcheux de me voir exposé tous les jours aux insultes de ces messieurs ; quel tort me feront dans le monde de telles calomnies, s'il faut qu'elles soient tolérées ; et quel intérêt j'ai enfin à me purger [3] de son imposture, et à faire voir au public que ma comédie n'est rien moins que ce qu'on veut qu'elle soit. Je ne dirai point, Sire, ce que j'avais à demander pour ma réputation, et pour justifier à tout le monde l'innocence de mon ouvrage : les rois éclairés comme vous n'ont pas besoin qu'on leur marque ce qu'on souhaite ; ils voient, comme Dieu, ce qu'il nous faut, et savent mieux que nous ce qu'ils nous doivent accorder. Il me suffit de mettre mes intérêts entre les mains de Votre Majesté, et j'attends d'elle, avec respect, tout ce qu'il lui plaira d'ordonner là-dessus.

---

1. Allusion à un livre écrit par le curé Roullé, de la paroisse de Saint-Barthélemy à Paris : *Le Roi glorieux au monde ou Louis XIV le plus glorieux de tous les rois du monde* (1er août 1664). \ **2.** *Libertin* : impie, qui s'affranchit du respect dû à la morale et à la religion. \ **3.** *Purger* : justifier, disculper.

Second placet présenté au roi[1]

DANS SON CAMP DEVANT LA VILLE DE LILLE EN FLANDRE[2]

Sire,

C'est une chose bien téméraire à moi que de venir importuner un grand monarque au milieu de ses glorieuses conquêtes[3]; mais, dans l'état où je me vois, où trouver, Sire, une protection
5 qu'au lieu où je la viens chercher ? et qui puis-je solliciter, contre l'autorité de la puissance qui m'accable[4], que la source de la puissance et de l'autorité, que le juste dispensateur des ordres absolus, que le souverain juge et le maître de toutes choses ?

Ma comédie, Sire, n'a pu jouir ici des bontés de Votre
10 Majesté. En vain je l'ai produite sous le titre de *L'Imposteur*, et déguisé le personnage sous l'ajustement d'un homme du monde[5]; j'ai eu beau lui donner un petit chapeau, de grands cheveux, un grand collet, une épée, et des dentelles sur tout l'habit, mettre en plusieurs endroits des adoucissements, et
15 retrancher avec soin tout ce que j'ai jugé capable de fournir l'ombre d'un prétexte aux célèbres originaux du portrait que je voulais faire : tout cela n'a de rien servi. La cabale[6] s'est réveillée aux simples conjectures qu'ils ont pu avoir de la chose. Ils ont trouvé moyen de surprendre des esprits qui,

---

1. Placet écrit en août 1667. \ 2. En 1667, Lille, qui appartient à la Flandre, est sous la domination espagnole depuis 1526. \ 3. En 1667, la campagne de Flandre que mène Louis XIV est marquée par d'importantes victoires. \ 4. Le premier président Lamoignon, chargé des pouvoirs judiciaires à Paris en l'absence du roi et membre de la Compagnie du Saint-Sacrement, vient d'interdire la deuxième version du *Tartuffe*. \ 5. Dans la deuxième version de l'œuvre, Panulphe est un « homme du monde », et non plus un dévot. Ce changement se traduit essentiellement par un changement dans « l'ajustement », c'est-à-dire dans l'habit du personnage. \ 6. *Cabale* : ensemble des intrigues menées contre la pièce par le parti dévot (la Compagnie du Saint-Sacrement).

20 dans toute autre matière, font une haute profession de ne se
point laisser surprendre. Ma comédie n'a pas plus tôt paru,
qu'elle s'est vue foudroyée par le coup d'un pouvoir qui doit
imposer du respect[1]; et tout ce que j'ai pu faire en cette
rencontre pour me sauver moi-même de l'éclat de cette
25 tempête, c'est de dire que Votre Majesté avait eu la bonté
de m'en permettre la représentation, et que je n'avais pas cru
qu'il fût besoin de demander cette permission à d'autres,
puisqu'il n'y avait qu'elle seule qui me l'eût défendue.

　　Je ne doute point, Sire, que les gens que je peins dans ma
30 comédie ne remuent bien des ressorts auprès de Votre Majesté,
et ne jettent dans leur parti, comme ils l'ont déjà fait, de
véritables gens de bien, qui sont d'autant plus prompts à se
laisser tromper qu'ils jugent d'autrui par eux-mêmes. Ils ont
l'art de donner de belles couleurs à toutes leurs intentions.
35 Quelque mine qu'ils fassent, ce n'est point du tout l'intérêt
de Dieu qui les peut émouvoir ; ils l'ont assez montré dans les
comédies qu'ils ont souffert qu'on ait jouées tant de fois en
public, sans en dire le moindre mot. Celles-là n'attaquaient
que la piété et la religion, dont ils se soucient fort peu ; mais
40 celle-ci les attaque et les joue eux-mêmes, et c'est ce qu'ils ne
peuvent souffrir[2]. Ils ne sauraient me pardonner de dévoiler
leurs impostures aux yeux de tout le monde ; et, sans doute,
on ne manquera pas de dire à Votre Majesté que chacun s'est
scandalisé de ma comédie. Mais la vérité pure, Sire, c'est que
45 tout Paris ne s'est scandalisé que de la défense qu'on en a faite,
que les plus scrupuleux en ont trouvé la représentation profitable, et qu'on s'est étonné que des personnes d'une probité[3]

---

1. Cette seconde version du *Tartuffe* est interdite le 6 août 1667. \ **2.** Voir la conclusion
de la Préface (p. 18, l. 209-212). \ **3.** *Probité* : honnêteté.

si connue aient eu une si grande déférence [1] pour des gens qui devraient être l'horreur de tout le monde et sont si opposés
50 à la véritable piété dont elles font profession.

J'attends avec respect l'arrêt que Votre Majesté daignera prononcer sur cette matière ; mais il est très assuré, Sire, qu'il ne faut plus que je songe à faire des comédies, si les tartuffes ont l'avantage, qu'ils prendront droit par-là de me persécuter
55 plus que jamais, et voudront trouver à redire aux choses les plus innocentes qui pourront sortir de ma plume.

Daignent vos bontés, Sire, me donner une protection contre leur rage envenimée ; et puissé-je, au retour d'une campagne si glorieuse, délasser Votre Majesté des fatigues de ses conquêtes,
60 lui donner d'innocents plaisirs après de si nobles travaux, et faire rire le monarque qui fait trembler toute l'Europe !

Troisième placet présenté au roi [2]

Sire,

Un fort honnête médecin [3], dont j'ai l'honneur d'être le malade, me promet et veut s'obliger par-devant notaires de me faire vivre encore trente années, si je puis lui obtenir une
5 grâce de Votre Majesté. Je lui ai dit, sur sa promesse, que je ne lui demandais pas tant, et que je serais satisfait de lui pourvu qu'il s'obligeât de ne me point tuer. Cette grâce, Sire, est un canonicat [4] de votre chapelle royale de Vincennes, vacant par la mort de...

---

1. *Déférence* : respect. \ **2.** Ce placet date du 5 février 1669. Molière vient d'être autorisé à jouer *Tartuffe*. \ **3.** Le « fort honnête médecin » est M. Mauvillain. \ **4.** *Canonicat* : office de chanoine.

10   Oserais-je demander encore cette grâce à Votre Majesté le
propre jour de la grande résurrection de *Tartuffe*, ressuscité
par vos bontés ? Je suis, par cette première faveur, réconcilié
avec les dévots ; et je le serais, par cette seconde, avec les
médecins. C'est pour moi, sans doute, trop de grâce à la fois ;
15   mais peut-être n'en est-ce pas trop pour Votre Majesté ; et
j'attends, avec un peu d'espérance respectueuse, la réponse
de mon placet.

Acteurs[1]

MADAME PERNELLE, *mère d'Orgon*[2].

ORGON, *mari d'Elmire*[3].

ELMIRE, *femme d'Orgon*[4].

DAMIS, *fils d'Orgon*.

MARIANE, *fille d'Orgon et amante*[5] *de Valère*.

VALÈRE, *amant de Mariane*.

CLÉANTE, *beau-frère d'Orgon*.

TARTUFFE, *faux dévot*[6].

DORINE, *suivante de Mariane*[7].

MONSIEUR LOYAL, *sergent*.

UN EXEMPT[8].

FLIPOTE, *servante de Madame Pernelle*.

La scène est à Paris.

---

1. Ce terme désigne ceux qui font l'action, c'est-à-dire aussi les personnages de la pièce, et non pas seulement ceux qui la jouent. Il faut noter que la liste ne fait pas mention de l'un des personnages, qui joue un rôle muet, mais important : Laurent. Cette omission contribue à faire de ce personnage un compagnon très mystérieux de Tartuffe. **2.** Dans la distribution de 1669, Madame Pernelle était jouée par Louis Béjart, beau-frère de Molière. **3.** Orgon était joué par Molière lui-même. **4.** Elmire, la seconde femme d'Orgon, était jouée par Armande Béjart. **5.** *Amant(e)* : qui aime et qui est aimé(e). Le terme suppose un amour réciproque. **6.** Tartuffe était joué par Du Croisy. **7.** Dorine était jouée par Madeleine Béjart. **8.** *Exempt :* officier de police.

Acte premier

Scène première

MADAME PERNELLE ET FLIPOTE *sa servante*,
ELMIRE, MARIANE, DORINE, DAMIS, CLÉANTE

MADAME PERNELLE

Allons, Flipote, allons, que d'eux je me délivre.

ELMIRE

Vous marchez d'un tel pas qu'on a peine à vous suivre.

MADAME PERNELLE

Laissez, ma bru, laissez, ne venez pas plus loin :
Ce sont toutes façons dont je n'ai pas besoin.

ELMIRE

5 De ce que l'on vous doit envers vous on s'acquitte.
Mais, ma mère, d'où vient que vous sortez si vite ?

MADAME PERNELLE

C'est que je ne puis voir tout ce ménage-ci [1],
Et que de me complaire on ne prend nul souci.
Oui, je sors de chez vous fort mal édifiée [2] :
10 Dans toutes mes leçons j'y suis contrariée,

---

1. *Ce ménage-ci* : la façon dont s'organise le foyer. Ici, remue-ménage, désordre, agitation. \ **2.** *Édifiée* : portée à la vertu.

On n'y respecte rien, chacun y parle haut [1],
Et c'est tout justement la cour du roi Pétaut [2].

DORINE

Si…

MADAME PERNELLE

Vous êtes, mamie [3], une fille suivante [4]
Un peu trop forte en gueule [5], et fort impertinente :
15 Vous vous mêlez sur tout de dire votre avis.

DAMIS

Mais…

MADAME PERNELLE

Vous êtes un sot en trois lettres, mon fils ;
C'est moi qui vous le dis, qui suis votre grand-mère ;
Et j'ai prédit cent fois à mon fils, votre père,
Que vous preniez tout l'air d'un méchant garnement,
20 Et ne lui donneriez jamais que du tourment.

MARIANE

Je crois…

MADAME PERNELLE

Mon Dieu, sa sœur, vous faites la discrète,
Et vous n'y touchez pas [6], tant vous semblez doucette ;
Mais il n'est, comme on dit, pire eau que l'eau qui dort,
Et vous menez sous chape [7] un train [8] que je hais fort.

---

1. *Parle haut :* parle fort. \ **2.** *Cour du roi Pétaut :* pétaudière, lieu de désordre. Le roi Pétaut était le roi des mendiants. \ **3.** *Mamie :* contraction de « mon amie ». \ **4.** *Fille suivante :* dame de compagnie. \ **5.** *Forte en gueule :* qui parle trop fort et qui manifeste peu de retenue dans ses paroles. \ **6.** *Vous n'y touchez pas :* vous avez l'air de ne pas y toucher, vous avez un air d'innocente. \ **7.** *Sous chape :* sous cape, en secret. \ **8.** *Train :* mode de vie.

ELMIRE

25 Mais, ma mère…

MADAME PERNELLE

Ma bru, qu'il ne vous en déplaise,
Votre conduite en tout est tout à fait mauvaise ;
Vous devriez leur mettre un bon exemple aux yeux,
Et leur défunte mère en usait beaucoup mieux.
Vous êtes dépensière ; et cet état [1] me blesse,
30 Que vous alliez vêtue ainsi qu'une princesse.
Quiconque à son mari veut plaire seulement,
Ma bru, n'a pas besoin de tant d'ajustement [2].

CLÉANTE

Mais, Madame, après tout…

MADAME PERNELLE

Pour vous, Monsieur son frère,
Je vous estime fort, vous aime, et vous révère ;
35 Mais enfin, si j'étais de [3] mon fils, son époux,
Je vous prierais bien fort de n'entrer point chez nous.
Sans cesse vous prêchez des maximes de vivre [4]
Qui par d'honnêtes gens ne se doivent point suivre.
Je vous parle un peu franc [5] ; mais c'est là mon humeur,
40 Et je ne mâche point ce que j'ai sur le cœur.

DAMIS

Votre Monsieur Tartuffe est bienheureux sans doute…

MADAME PERNELLE

C'est un homme de bien, qu'il faut que l'on écoute ;

---

1. *État* : ici, trait de caractère. \ **2.** *Ajustement* : vêtement, parure, toilette. \ **3.** *De* : à la place de. \ **4.** *Maximes de vivre* : maximes de vie. \ **5.** *Franc* : franchement.

Et je ne puis souffrir sans me mettre en courroux
De le voir querellé par un fou comme vous.

Damis

45 Quoi ? je souffrirai, moi, qu'un cagot [1] de critique
Vienne usurper céans [2] un pouvoir tyrannique,
Et que nous ne puissions à rien nous divertir,
Si ce beau monsieur-là n'y daigne consentir ?

Dorine

S'il le faut écouter et croire à ses maximes,
50 On ne peut faire rien qu'on ne fasse des crimes [3] ;
Car il contrôle tout, ce critique zélé.

Madame Pernelle

Et tout ce qu'il contrôle est fort bien contrôlé.
C'est au chemin du Ciel qu'il prétend vous conduire,
Et mon fils à l'aimer vous devrait tous induire [4].

Damis

55 Non, voyez-vous, ma mère [5], il n'est père ni rien
Qui me puisse obliger à lui vouloir du bien :
Je trahirais mon cœur de parler d'autre sorte ;
Sur ses façons de faire à tous coups je m'emporte ;
J'en prévois une suite, et qu'avec ce pied plat [6],
60 Il faudra que j'en vienne à quelque grand éclat [7].

Dorine

Certes, c'est une chose aussi qui scandalise,

---

1. *Cagot* : hypocrite, faux dévot. \ 2. *Céans* : ici. \ 3. *On ne peut faire rien qu'on ne fasse des crimes* : on ne peut rien faire qui ne passe pour des péchés. \ 4. *Induire* : inciter. \ 5. Damis répond en fait à sa grand-mère. \ 6. *Pied plat* : homme qui porte des souliers sans talon. D'où rustre, personne vulgaire (péjoratif). \ 7. *Éclat* : scandale.

De voir qu'un inconnu céans s'impatronise[1],
Qu'un gueux qui, quand il vint, n'avait pas de souliers
Et dont l'habit entier valait bien six deniers[2],
65 En vienne jusque-là que de se méconnaître[3],
De contrarier tout, et de faire le maître.

> MADAME PERNELLE

Hé ! merci de ma vie[4] ? il en irait bien mieux,
Si tout se gouvernait par ses ordres pieux.

> DORINE

Il passe pour un saint dans votre fantaisie :
70 Tout son fait[5], croyez-moi, n'est rien qu'hypocrisie.

> MADAME PERNELLE

Voyez la langue !

> DORINE

À lui, non plus qu'à son Laurent,
Je ne me fierais, moi, que sur un bon garant[6].

> MADAME PERNELLE

J'ignore ce qu'au fond le serviteur peut être ;
Mais pour homme de bien, je garantis le maître.
75 Vous ne lui voulez mal et ne le rebutez,
Qu'à cause qu'il vous dit à tous vos vérités.
C'est contre le péché que son cœur se courrouce,
Et l'intérêt du Ciel est tout ce qui le pousse.

> DORINE

Oui ; mais pourquoi, surtout depuis un certain temps,

---

1. *S'impatronise* : s'impose comme le patron, le maître. \ 2. *Deniers* : anciennes pièces de monnaie. 3. *Se méconnaître* : oublier l'état de pauvreté d'où Orgon l'a tiré. \ 4. *Merci de ma vie* : je vous jure (expression familière pour prêter serment). \ 5. *Son fait* : son attitude. \ 6. *Un bon garant* : un homme de confiance.

80   Ne saurait-il souffrir[1] qu'aucun[2] hante céans[3] ?
     En quoi blesse le Ciel une visite honnête,
     Pour en faire un vacarme à nous rompre la tête ?
     Veut-on que là-dessus je m'explique entre nous ?
     Je crois que de Madame il est, ma foi, jaloux.

Madame Pernelle

85   Taisez-vous, et songez aux choses que vous dites.
     Ce n'est pas lui tout seul qui blâme ces visites.
     Tout ce tracas[4] qui suit les gens que vous hantez[5],
     Ces carrosses sans cesse à la porte plantés,
     Et de tant de laquais le bruyant assemblage
90   Font un éclat fâcheux dans tout le voisinage.
     Je veux croire qu'au fond il ne se passe rien ;
     Mais enfin on en parle, et cela n'est pas bien.

Cléante

     Hé ! voulez-vous, Madame, empêcher qu'on ne cause ?
     Ce serait dans la vie une fâcheuse chose,
95   Si pour les sots discours où l'on peut être mis[6],
     Il fallait renoncer à ses meilleurs amis.
     Et quand même on pourrait se résoudre à le faire,
     Croiriez-vous obliger tout le monde à se taire ?
     Contre la médisance il n'est point de rempart.
100 À tous les sots caquets[7] n'ayons donc nul égard ;
     Efforçons-nous de vivre avec toute innocence,
     Et laissons aux causeurs une pleine licence[8].

---

1. *Souffrir* : supporter. \ **2.** *Aucun* : quelqu'un (dans un contexte affirmatif). \ **3.** *Hante céans* : vienne nous rendre visite. \ **4.** *Tracas* : agitation, remue-ménage. \ **5.** *Hantez* : fréquentez. \ **6.** *Pour les sots discours où l'on peut être mis* : à cause des sots discours dont on peut être l'objet. \ **7.** *Caquets* : bavardages bruyants, propos futiles. \ **8.** *Licence* : liberté.

DORINE

Daphné, notre voisine, et son petit époux
Ne seraient-ils point ceux qui parlent mal de nous ?
105 Ceux de qui la conduite offre le plus à rire
Sont toujours sur autrui les premiers à médire ;
Ils ne manquent jamais de saisir promptement
L'apparente lueur du moindre attachement,
D'en semer la nouvelle avec beaucoup de joie,
110 Et d'y donner le tour qu'ils veulent qu'on y croie :
Des actions d'autrui, teintes de leurs couleurs [1],
Ils pensent dans le monde autoriser les leurs,
Et sous le faux espoir de quelque ressemblance,
Aux intrigues qu'ils ont donner de l'innocence,
115 Ou faire ailleurs tomber quelques traits [2] partagés
De ce blâme public dont ils sont trop chargés.

MADAME PERNELLE

Tous ces raisonnements ne font rien à l'affaire.
On sait qu'Orante [3] mène une vie exemplaire :
Tous ses soins vont au Ciel ; et j'ai su par des gens
120 Qu'elle condamne fort le train qui vient céans [4].

DORINE

L'exemple est admirable, et cette dame est bonne !
Il est vrai qu'elle vit en austère personne ;
Mais l'âge dans son âme a mis ce zèle ardent,
Et l'on sait qu'elle est prude [5] à son corps défendant [6].
125 Tant qu'elle a pu des cœurs attirer les hommages,

---

1. *Teintes de leurs couleurs* : travesties à leur façon. \ **2.** *Traits* : railleries. \ **3.** *Orante* : nom de convention, désignant un exemple de prude. \ **4.** *Céans* : ici. \ **5.** *Prude* : chaste. \ **6.** *À son corps défendant* : malgré elle, à contrecœur.

Elle a fort bien joui de tous ses avantages ;
Mais, voyant de ses yeux tous les brillants baisser,
Au monde, qui la quitte, elle veut renoncer,
Et du voile pompeux d'une haute sagesse
130 De ses attraits usés déguiser la faiblesse.
Ce sont là les retours [1] des coquettes du temps.
Il leur est dur de voir déserter les galants.
Dans un tel abandon, leur sombre inquiétude
Ne voit d'autre recours que le métier de prude ;
135 Et la sévérité de ces femmes de bien
Censure toute chose, et ne pardonne à rien ;
Hautement d'un chacun elles blâment la vie,
Non point par charité, mais par un trait d'envie,
Qui ne saurait souffrir qu'une autre ait les plaisirs
140 Dont le penchant de l'âge a sevré leurs désirs.

MADAME PERNELLE

Voilà les contes bleus [2] qu'il vous faut pour vous plaire.
Ma bru, l'on est chez vous contrainte de se taire,
Car Madame à jaser tient le dé [3] tout le jour.
Mais enfin je prétends discourir à mon tour :
145 Je vous dis que mon fils n'a rien fait de plus sage
Qu'en recueillant chez soi ce dévot personnage ;
Que le Ciel au besoin [4] l'a céans [5] envoyé
Pour redresser à tous votre esprit fourvoyé ;
Que pour votre salut vous le devez entendre,
150 Et qu'il ne reprend rien qui ne soit à reprendre [6].
Ces visites, ces bals, ces conversations

---

1. *Retours* : repentirs liés à l'âge et au vieillissement (ironique). \ **2.** *Contes bleus* : sottises, fables (familier). \ **3.** *À jaser tient le dé* : maîtrise la conversation, monopolise la parole. \ **4.** *Au besoin* : parce que le besoin s'en faisait sentir. \ **5.** *Céans* : ici. \ **6.** *Reprendre* : blâmer.

Sont du malin esprit[1] toutes inventions.

Là jamais on n'entend de pieuses paroles :

Ce sont propos oisifs[2], chansons[3] et fariboles ;

155 Bien souvent le prochain en a sa bonne part,

Et l'on y sait médire et du tiers et du quart[4].

Enfin les gens sensés ont leurs têtes troublées

De la confusion de telles assemblées :

Mille caquets[5] divers s'y font en moins de rien ;

160 Et comme l'autre jour un docteur[6] dit fort bien,

C'est véritablement la tour de Babylone[7],

Car chacun y babille[8], et tout du long de l'aune[9] ;

Et pour conter l'histoire où ce point l'engagea...

Montrant Cléante[10].

Voilà-t-il pas Monsieur qui ricane déjà !

165 Allez chercher vos fous qui vous donnent à rire,

Et sans... Adieu, ma bru : je ne veux plus rien dire.

Sachez que pour céans j'en rabats de moitié[11],

Et qu'il fera beau temps quand j'y mettrai le pied.

Donnant un soufflet à Flipote.

Allons, vous, vous rêvez, et bayez aux corneilles.

170 Jour de Dieu ! je saurai vous frotter les oreilles.

Marchons, gaupe[12], marchons.

---

1. *Malin esprit* : esprit diabolique. \ 2. *Propos oisifs* : bavardages, pour tromper l'ennui. \ 3. *Chansons* : sornettes, baliverines. \ 4. *Du tiers et du quart* : de tout le monde. \ 5. *Caquets* : bavardages bruyants, propos futiles. \ 6. *Docteur* : savant, théologien. \ 7. La Tour de Babel est le symbole de l'orgueil des hommes et de leur difficulté à se comprendre, du fait de la diversité des langues. \ 8. *Babille* : bavarde inutilement et de manière puérile. \ 9. *Tout du long de l'aune* : sans discontinuer. \ 10. Cette didascalie n'apparaît que dans certaines éditions. \ 11. *J'en rabats de moitié* : je perds une bonne partie de l'estime que j'avais pour vous. \ 12. *Gaupe* : souillon.

Scène 2

CLÉANTE, DORINE

CLÉANTE

Je n'y veux point aller,
De peur qu'elle ne vînt encor me quereller,
Que cette bonne femme [1]...

DORINE

Ah ! certes, c'est dommage
Qu'elle ne vous ouït tenir un tel langage :
175 Elle vous dirait bien qu'elle vous trouve bon,
Et qu'elle n'est point d'âge à lui donner ce nom.

CLÉANTE

Comme elle s'est pour rien contre nous échauffée !
Et que de son Tartuffe elle paraît coiffée [2] !

DORINE

Oh ! vraiment tout cela n'est rien au prix du fils [3],
180 Et si vous l'aviez vu, vous diriez : « C'est bien pis ! »
Nos troubles [4] l'avaient mis sur le pied d'homme sage,
Et pour servir son prince il montra du courage ;
Mais il est devenu comme un homme hébété [5],
Depuis que de Tartuffe on le voit entêté ;
185 Il l'appelle son frère, et l'aime dans son âme
Cent fois plus qu'il ne fait mère, fils, fille, et femme.
C'est de tous ses secrets l'unique confident,

---

1. *Bonne femme* : vieille femme. \ 2. *Coiffée* : entichée, obnubilée. \ 3. *Au prix du fils* : comparé au fils. \ 4. *Nos troubles* : la Fronde (1648-1653), crise durant laquelle le pouvoir royal a été contesté par les parlementaires et par les princes. La Fronde a abouti à une réaffirmation du pouvoir de Louis XIV. Orgon, durant ces troubles, s'est rangé du côté du roi. \ 5. *Hébété* : ahuri, stupide.

Et de ses actions le directeur[1] prudent ;
Il le choie, il l'embrasse, et pour une maîtresse
190 On ne saurait, je pense, avoir plus de tendresse ;
À table, au plus haut bout[2] il veut qu'il soit assis ;
Avec joie il l'y voit manger autant que six ;
Les bons morceaux de tout, il fait qu'on les lui cède ;
Et s'il vient à roter, il lui dit : « Dieu vous aide ! »

C'est une servante qui parle.

195 Enfin il en est fou ; c'est son tout, son héros ;
Il l'admire à tous coups, le cite à tout propos ;
Ses moindres actions lui semblent des miracles,
Et tous les mots qu'il dit sont pour lui des oracles.
Lui, qui connaît sa dupe et qui veut en jouir,
200 Par cent dehors fardés[3] a l'art de l'éblouir ;
Son cagotisme[4] en tire a toute heure des sommes,
Et prend droit de gloser[5] sur tous tant que nous sommes.
Il n'est pas jusqu'au fat[6] qui lui sert de garçon[7]
Qui ne se mêle aussi de nous faire leçon ;
205 Il vient nous sermonner avec des yeux farouches,
Et jeter nos rubans, notre rouge et nos mouches[8].
Le traître, l'autre jour, nous rompit de ses mains
Un mouchoir[9] qu'il trouva dans une *Fleur des Saints*[10],
Disant que nous mêlions, par un crime effroyable,
210 Avec la sainteté les parures du diable.

---

1. *Directeur* : directeur de conscience. \ **2.** *Au plus haut bout* : à la place d'honneur. \ **3.** *Dehors fardés* : masques, apparences trompeuses. \ **4.** *Cagotisme* : hypocrisie, fausse dévotion. \ **5.** *Gloser* : commenter. \ **6.** *Fat* : sot. \ **7.** *Garçon* : valet, mais aussi jeune homme en apprentissage. \ **8.** *Mouches* : grains de beauté artificiels, en taffetas noir. \ **9.** *Mouchoir* : mouchoir de col, linge qui sert à couvrir la poitrine des dames. \ **10.** *Fleurs des Saints* : livre de piété du jésuite Ribadeneira (1526-1611), qui était un proche d'Ignace de Loyola, fondateur de la Compagnie de Jésus.

Scène 3

Elmire, Mariane, Damis,
Cléante, Dorine

Elmire

Vous êtes bienheureux de n'être point venu
Au discours qu'à la porte elle nous a tenu.
Mais j'ai vu mon mari ! comme il ne m'a point vue,
Je veux aller là-haut attendre sa venue.

Cléante

215 Moi, je l'attends ici pour moins d'amusement,
Et je vais lui donner le bonjour seulement.

Damis

De l'hymen [1] de ma sœur touchez-lui quelque chose.
J'ai soupçon que Tartuffe à son effet [2] s'oppose,
Qu'il oblige mon père à des détours si grands ;
220 Et vous n'ignorez pas quel intérêt j'y prends.
Si même ardeur enflamme et ma sœur et Valère,
La sœur de cet ami, vous le savez, m'est chère ;
Et s'il fallait…

Dorine

      Il entre.

---

1. *Hymen* : mariage. \ 2. *À son effet* : à sa réalisation.

Scène 4

ORGON, CLÉANTE, DORINE

ORGON

Ah ! mon frère [1], bonjour.

CLÉANTE

Je sortais, et j'ai joie à vous voir de retour.
225 La campagne à présent n'est pas beaucoup fleurie.

ORGON

Dorine… Mon beau-frère, attendez, je vous prie :
Vous voulez bien souffrir, pour m'ôter de souci,
Que je m'informe un peu des nouvelles d'ici.

À Dorine [2].

Tout s'est-il, ces deux jours, passé de bonne sorte ?
230 Qu'est-ce qu'on fait céans [3] ? comme [4] est-ce qu'on s'y porte ?

DORINE

Madame eut avant-hier la fièvre jusqu'au soir,
Avec un mal de tête étrange à concevoir.

ORGON

Et Tartuffe ?

DORINE

Tartuffe ? Il se porte à merveille.
Gros et gras, le teint frais, et la bouche vermeille.

ORGON

235 Le pauvre homme !

---

1. *Mon frère* : mon beau-frère. \ **2.** Cette didascalie n'apparaît que dans certaines éditions. \ **3.** *Céans* : ici. \ **4.** *Comme* : comment.

DORINE

Le soir, elle eut un grand dégoût,
Et ne put au souper toucher à rien du tout,
Tant sa douleur de tête était encor cruelle !

ORGON

Et Tartuffe ?

DORINE

Il soupa, lui tout seul, devant elle,
Et fort dévotement il mangea deux perdrix,
240 Avec une moitié de gigot en hachis.

ORGON

Le pauvre homme !

DORINE

La nuit se passa tout entière
Sans qu'elle pût fermer un moment la paupière ;
Des chaleurs l'empêchaient de pouvoir sommeiller,
Et jusqu'au jour près d'elle il nous fallut veiller.

ORGON

245 Et Tartuffe ?

DORINE

Pressé d'un sommeil agréable,
Il passa dans sa chambre au sortir de la table,
Et dans son lit bien chaud il se mit tout soudain,
Où sans trouble il dormit jusques au lendemain.

ORGON

Le pauvre homme !

DORINE

À la fin, par nos raisons gagnée,
250 Elle se résolut à souffrir[1] la saignée[2],
Et le soulagement suivit tout aussitôt.

ORGON

Et Tartuffe ?

DORINE

Il reprit courage comme il faut,
Et contre tous les maux fortifiant son âme,
Pour réparer le sang qu'avait perdu Madame,
255 But à son déjeuner quatre grands coups de vin.

ORGON

Le pauvre homme !

DORINE

Tous deux se portent bien enfin ;
Et je vais à Madame annoncer par avance
La part[3] que vous prenez à sa convalescence.

Scène 5

ORGON, CLÉANTE

CLÉANTE

À votre nez, mon frère, elle se rit de vous ;
260 Et sans avoir dessein[4] de vous mettre en courroux,

---

1. *Souffrir* : endurer, supporter. \ **2.** *Saignée* : prélèvement d'une certaine quantité de sang à des fins thérapeutiques. À l'époque classique, ce traitement constitue encore l'une des réponses les plus fréquentes à la maladie. \ **3.** *La part* : l'intérêt. \ **4.** *Dessein* : intention.

Je vous dirai tout franc que c'est avec justice.
A-t-on jamais parlé d'un semblable caprice ?
Et se peut-il qu'un homme ait un charme [1] aujourd'hui
À vous faire oublier toutes choses pour lui,
265 Qu'après avoir chez vous réparé sa misère,
Vous en veniez au point ?...

ORGON

Alte [2]-là, mon beau-frère :
Vous ne connaissez pas celui dont vous parlez.

CLÉANTE

Je ne le connais pas, puisque vous le voulez ;
Mais enfin, pour savoir quel homme ce peut être...

ORGON

270 Mon frère, vous seriez charmé de le connaître,
Et vos ravissements [3] ne prendraient point de fin.
C'est un homme... qui,... ha ! un homme... un homme
[enfin.
Qui suit bien ses leçons goûte une paix profonde,
Et comme du fumier regarde tout le monde.
275 Oui, je deviens tout autre avec son entretien ;
Il m'enseigne à n'avoir affection pour rien,
De toutes amitiés il détache mon âme ;
Et je verrais mourir frère, enfants, mère et femme,
Que je m'en soucierais autant que de cela.

CLÉANTE

280 Les sentiments humains, mon frère, que voilà !

---

1. *Charme* : pouvoir magique de séduction. \ **2.** *Alte* : ancienne orthographe de
« Halte ». \ **3.** *Ravissements* : extases, plaisirs intenses (vocabulaire mystique).

ORGON

Ha ! si vous aviez vu comme j'en fis rencontre,
Vous auriez pris pour lui l'amitié que je montre.
Chaque jour à l'église il venait, d'un air doux,
Tout vis-à-vis de moi se mettre à deux genoux.
285 Il attirait les yeux de l'assemblée entière
Par l'ardeur dont au Ciel il poussait sa prière ;
Il faisait des soupirs, de grands élancements[1],
Et baisait humblement la terre à tous moments ;
Et lorsque je sortais, il me devançait vite,
290 Pour m'aller à la porte offrir de l'eau bénite.
Instruit par son garçon[2], qui dans tout l'imitait,
Et de son indigence[3], et de ce qu'il était,
Je lui faisais des dons ; mais avec modestie[4]
Il me voulait toujours en rendre une partie.
295 « C'est trop, me disait-il, c'est trop de la moitié ;
Je ne mérite pas de vous faire pitié » ;
Et quand je refusais de le vouloir reprendre[5],
Aux pauvres, à mes yeux, il allait le répandre.
Enfin le Ciel chez moi me le fit retirer[6],
300 Et depuis ce temps-là tout semble y prospérer.
Je vois qu'il reprend tout, et qu'à ma femme même
Il prend, pour mon honneur, un intérêt extrême ;
Il m'avertit des gens qui lui font les yeux doux,
Et plus que moi six fois il s'en montre jaloux.
305 Mais vous ne croiriez point jusqu'où monte son zèle :

---

1. *Élancements* : élans. \ 2. *Garçon* : valet, mais aussi jeune homme en apprentissage. \ 3. *Indigence* : pauvreté. \ 4. *Modestie* : retenue. \ 5. *Reprendre* : blâmer. \ 6. *Me le fit retirer* : me fit lui offrir une retraite.

Il s'impute à péché la moindre bagatelle[1] ;
Un rien presque suffit pour le scandaliser ;
Jusque-là qu'il se vint l'autre jour accuser
D'avoir pris une puce en faisant sa prière,
310 Et de l'avoir tuée avec trop de colère.

CLÉANTE

Parbleu ! vous êtes fou, mon frère, que je crois.
Avec de tels discours vous moquez-vous de moi ?
Et que prétendez-vous que tout ce badinage[2] ?...

ORGON

Mon frère, ce discours sent le libertinage[3] :
315 Vous en êtes un peu dans votre âme entiché ;
Et comme je vous l'ai plus de dix fois prêché,
Vous vous attirerez quelque méchante affaire[4].

CLÉANTE

Voilà de vos pareils le discours ordinaire :
Ils veulent que chacun soit aveugle comme eux.
320 C'est être libertin que d'avoir de bons yeux,
Et qui n'adore pas de vaines simagrées
N'a ni respect ni foi pour les choses sacrées.
Allez, tous vos discours ne me font point de peur :
Je sais comme je parle, et le Ciel voit mon cœur,
325 De tous vos façonniers[5] on n'est point les esclaves.
Il est de faux dévots ainsi que de faux braves ;
Et comme on ne voit pas qu'où l'honneur les conduit

---

1. *Il s'impute à péché la moindre bagatelle* : il s'accuse d'avoir péché au plus petit écart de conduite. \ 2. *Badinage* : jeu, amusement. \ 3. *Libertinage* : attitude irrespectueuse à l'égard de la religion et de ses pratiques. \ 4. *Affaire* : procès. \ 5. *Façonniers* : hypocrites, personnes qui font des « façons ».

Les vrais braves soient ceux qui font beaucoup de bruit,
Les bons et vrais dévots, qu'on doit suivre à la trace,
330 Ne sont pas ceux aussi qui font tant de grimace.
Hé quoi ? vous ne ferez nulle distinction
Entre l'hypocrisie et la dévotion ?
Vous les voulez traiter d'un semblable langage,
Et rendre même honneur au masque qu'au visage,
335 Égaler l'artifice à la sincérité,
Confondre l'apparence avec la vérité,
Estimer le fantôme autant que la personne,
Et la fausse monnaie à l'égal de la bonne ?
Les hommes la plupart sont étrangement faits !
340 Dans la juste nature on ne les voit jamais ;
La raison a pour eux des bornes trop petites ;
En chaque caractère ils passent ses limites ;
Et la plus noble chose, ils la gâtent souvent
Pour la vouloir outrer et pousser trop avant.
345 Que cela vous soit dit en passant, mon beau-frère.

ORGON

Oui, vous êtes sans doute un docteur qu'on révère ;
Tout le savoir du monde est chez vous retiré ;
Vous êtes le seul sage et le seul éclairé,
Un oracle, un Caton[1] dans le siècle où nous sommes ;
350 Et près de vous ce sont des sots que tous les hommes.

CLÉANTE

Je ne suis point, mon frère, un docteur révéré,

---

1. *Caton* : Caton l'Ancien (234-149 avant J.-C.) exerça des responsabilités politiques à Rome, sous la République. Il symbolisait la vertu romaine, dont il a cherché à imposer les exigences avec une grande sévérité.

Et le savoir chez moi n'est pas tout retiré.
Mais, en un mot, je sais, pour toute ma science,
Du faux avec le vrai faire la différence.
355 Et comme je ne vois nul genre de héros
Qui soient plus à priser [1] que les parfaits dévots,
Aucune chose au monde et plus noble et plus belle
Que la sainte ferveur d'un véritable zèle,
Aussi ne vois-je rien qui soit plus odieux
360 Que le dehors plâtré [2] d'un zèle spécieux [3],
Que ces francs charlatans, que ces dévots de place [4],
De qui la sacrilège et trompeuse grimace
Abuse impunément et se joue à leur gré
De ce qu'ont les mortels de plus saint et sacré,
365 Ces gens qui, par une âme à l'intérêt soumise,
Font de dévotion métier et marchandise,
Et veulent acheter crédit et dignités
À prix de faux clins d'yeux et d'élans affectés,
Ces gens, dis-je, qu'on voit d'une ardeur non commune
370 Par le chemin du Ciel courir à leur fortune,
Qui, brûlants [5] et priants, demandent chaque jour,
Et prêchent la retraite au milieu de la cour,
Qui savent ajuster leur zèle avec leurs vices,
Sont prompts, vindicatifs, sans foi [6], pleins d'artifices,
375 Et pour perdre quelqu'un couvrent insolemment
De l'intérêt du Ciel leur fier ressentiment,
D'autant plus dangereux dans leur âpre colère,
Qu'ils prennent contre nous des armes qu'on révère,

---

1. *Priser* : estimer. \ **2.** *Plâtré* : fictif, qui n'a que l'apparence. \ **3.** *Spécieux* : trompeur. \ **4.** *Dévots de place* : ceux qui font des démonstrations de dévotion sur la place publique. \ **5.** *Brûlants* : brûlants d'ambition et/ou d'ardeur religieuse. \ **6.** *Sans foi* : indignes de confiance.

Et que leur passion, dont on leur sait bon gré,
380 Veut nous assassiner avec un fer sacré.
De ce faux caractère on en voit trop paraître ;
Mais les dévots de cœur sont aisés à connaître.
Notre siècle, mon frère, en expose à nos yeux
Qui peuvent nous servir d'exemples glorieux :
385 Regardez Ariston, regardez Périandre,
Oronte, Alcidamas, Polydore, Clitandre ;
Ce titre par aucun ne leur est débattu ;
Ce ne sont point du tout fanfarons de vertu[1] ;
On ne voit point en eux ce faste[2] insupportable,
390 Et leur dévotion est humaine, est traitable[3] ;
Ils ne censurent point toutes nos actions :
Ils trouvent trop d'orgueil dans ces corrections ;
Et laissant la fierté des paroles aux autres,
C'est par leurs actions qu'ils reprennent les nôtres.
395 L'apparence du mal a chez eux peu d'appui,
Et leur âme est portée à juger bien d'autrui.
Point de cabale[4] en eux, point d'intrigues à suivre ;
On les voit, pour tous soins, se mêler de bien vivre ;
Jamais contre un pécheur ils n'ont d'acharnement ;
400 Ils attachent leur haine au péché seulement,
Et ne veulent point prendre, avec un zèle extrême,
Les intérêts du Ciel plus qu'il ne veut lui-même.
Voilà mes gens, voilà comme il en faut user,
Voilà l'exemple enfin qu'il se faut proposer.

---

1. *Fanfarons de vertu* : personnes qui font étalage de leur vertu. \ **2.** *Faste* : ensemble des démonstrations, des signes ostentatoires de vertu. \ **3.** *Traitable* : souple. \ **4.** *Cabale* : intrigue. Il s'agit également d'une référence aux intrigues menées par la Compagnie du Saint-Sacrement.

405 Votre homme, à dire vrai, n'est pas de ce modèle :
C'est de fort bonne foi que vous vantez son zèle :
Mais par un faux éclat je vous crois ébloui.

ORGON

i think you are deceived by appearances

Monsieur mon cher beau-frère, avez-vous tout dit ?

CLÉANTE

Oui.

ORGON

Je suis votre valet [1].

Il veut s'en aller.

CLÉANTE

De grâce, un mot, mon frère.

410 Laissons là ce discours. Vous savez que Valère
Pour être votre gendre a parole de vous [2] ?

ORGON

Oui.

CLÉANTE

Vous aviez pris jour pour un lien si doux.

ORGON

Il est vrai.

CLÉANTE

Pourquoi donc en différer la fête ? *defer the ceremony*

ORGON

Je ne sais.

---

1. *Je suis votre valet* : je vous salue (manière un peu familière et condescendante de prendre congé). \ **2.** *Pour être votre gendre a parole de vous* : a votre promesse que vous ferez de lui votre gendre.

CLÉANTE

Auriez-vous autre pensée en tête ?

ORGON

415 Peut-être.

CLÉANTE

Vous voulez manquer à votre foi ?

ORGON

Je ne dis pas cela.

CLÉANTE

Nul obstacle, je crois,

Ne vous peut empêcher d'accomplir vos promesses.

ORGON

Selon[1].

CLÉANTE

Pour dire un mot faut-il tant de finesses ?

Valère sur ce point me fait vous visiter.

ORGON

420 Le Ciel en soit loué !

CLÉANTE

Mais que lui reporter ?

ORGON

Tout ce qu'il vous plaira.

CLÉANTE

Mais il est nécessaire

De savoir vos desseins[2]. Quels sont-ils donc ?

_____

1. *Selon* : c'est selon, cela dépend. \ 2. *Desseins* : intentions.

ORGON

De faire

Ce que le Ciel voudra.

CLÉANTE

Mais parlons tout de bon.
Valère a votre foi : la tiendrez-vous, ou non ?

ORGON

425 Adieu.

CLÉANTE, *seul*[1].

Pour son amour je crains une disgrâce,
Et je dois l'avertir de tout ce qui se passe.

_____

1. Cette didascalie n'apparaît que dans certaines éditions.

Acte II

Scène première

ORGON, MARIANE

ORGON

Mariane.

MARIANE

Mon père.

ORGON

Approchez, j'ai de quoi
Vous parler en secret.

MARIANE

Que cherchez-vous ?

ORGON. *Il regarde dans un petit cabinet* [1]
Je vois
Si quelqu'un n'est point là qui pourrait nous entendre ;
430 Car ce petit endroit est propre pour surprendre.
Or sus [2], nous voilà bien. J'ai, Mariane, en vous
Reconnu de tout temps un esprit assez doux,
Et de tout temps aussi vous m'avez été chère.

I'm looking to see there's no one to overhear

---

1. *Cabinet* : petite pièce où l'on se retire, à l'écart. \ **2.** *Or sus* : allons.

MARIANE

Je suis fort redevable à cet amour de père.

ORGON

435 C'est fort bien dit, ma fille ; et pour le mériter,
Vous devez n'avoir soin que de me contenter.

MARIANE

C'est où je mets aussi ma gloire la plus haute.

ORGON

Fort bien. Que dites-vous de Tartuffe notre hôte ?

MARIANE

Qui, moi ?

ORGON

Vous. Voyez bien comme vous répondrez.

MARIANE

440 Hélas ! j'en dirai, moi, tout ce que vous voudrez.

ORGON

C'est parler sagement. Dites-moi donc, ma fille,
Qu'en toute sa personne un haut mérite brille,
Qu'il touche votre cœur, et qu'il vous serait doux
De le voir par mon choix devenir votre époux.
445 Eh ?

Mariane se recule avec surprise.

MARIANE

Eh ?

ORGON

Qu'est-ce ?

MARIANE

Plaît-il ?

ORGON

Quoi ?

MARIANE

Me suis-je méprise ?

ORGON

Comment ?

MARIANE

Qui voulez-vous, mon père, que je dise
Qui me touche le cœur, et qu'il me serait doux
De voir par votre choix devenir mon époux ?

ORGON

Tartuffe.

MARIANE

Il n'en est rien, mon père, je vous jure.
450 Pourquoi me faire dire une telle imposture [1] ?

ORGON

Mais je veux que cela soit une vérité ;
Et c'est assez pour vous que je l'aie arrêté [2].

MARIANE

Quoi ? vous voulez, mon père ?…

ORGON

Oui, je prétends, ma fille,
Unir par votre hymen [3] Tartuffe à ma famille.

---

1. *Imposture* : mensonge. \ **2.** *Arrêté* : décidé. \ **3.** *Hymen* : mariage.

455 Il sera votre époux, j'ai résolu cela ;
Et comme sur vos vœux je…

Scène 2

DORINE, ORGON, MARIANE

ORGON

                    Que faites-vous là ?
La curiosité qui vous presse est bien forte,
Mamie[1], à nous venir écouter de la sorte.

DORINE

Vraiment, je ne sais pas si c'est un bruit qui part
460 De quelque conjecture, ou d'un coup de hasard
Mais de ce mariage on m'a dit la nouvelle,
Et j'ai traité cela de pure bagatelle.

ORGON

Quoi donc ? la chose est-elle incroyable ?

DORINE

                              À tel point,
Que vous-même, Monsieur, je ne vous en crois point.

ORGON

465 Je sais bien le moyen de vous le faire croire.

DORINE

Oui, oui, vous nous contez une plaisante histoire.

---

1. *Mamie* : contraction de « mon amie ».

ORGON

Je conte justement ce qu'on verra dans peu.

DORINE

Chansons[1] !

ORGON

Ce que je dis, ma fille, n'est point jeu.

DORINE

Allez, ne croyez point à Monsieur votre père :
470 Il raille.

ORGON

Je vous dis…

DORINE

Non, vous avez beau faire,
On ne vous croira point.

ORGON

À la fin mon courroux…

DORINE

Hé bien ! on vous croit donc, et c'est tant pis pour vous.
Quoi ? se peut-il, Monsieur, qu'avec l'air d'homme sage
Et cette large barbe[2] au milieu du visage,
475 Vous soyez assez fou pour vouloir ?…

ORGON

Écoutez :
Vous avez pris céans[3] certaines privautés[4]
Qui ne me plaisent point ; je vous le dis, mamie[5].

---

1. *Chansons* : sornettes, balivernes. \ **2.** *Barbe* : barbe ou moustache. À l'époque classique, symbole de sagesse. \ **3.** *Céans* : ici. \ **4.** *Privautés* : libertés, familiarités. \ **5.** *Mamie* : contraction de « mon amie ».

getting angry DORINE

Parlons sans nous fâcher, Monsieur, je vous supplie.

Vous moquez-vous des gens d'avoir fait ce complot ?

480 Votre fille n'est point l'affaire d'un bigot[1] :

Il a d'autres emplois auxquels il faut qu'il pense.

Et puis, que vous apporte une telle alliance ?

À quel sujet[2] aller, avec tout votre bien,

Choisir un gendre gueux[3] ?…

ORGON

Taisez-vous. S'il n'a rien,

485 Sachez que c'est par-là qu'il faut qu'on le révère.

Sa misère est sans doute une honnête misère ;

Au-dessus des grandeurs elle doit l'élever,

Puisque enfin de son bien il s'est laissé priver

Par son trop peu de soin des choses temporelles,

490 Et sa puissante attache[4] aux choses éternelles.

Mais mon secours pourra lui donner les moyens

De sortir d'embarras et rentrer dans ses biens :

Ce sont fiefs[5] qu'à bon titre au pays on renomme ;

Et tel que l'on le voit, il est bien gentilhomme.

DORINE

495 Oui, c'est lui qui le dit ; et cette vanité,

Monsieur, ne sied pas bien avec la piété.

Qui d'une sainte vie embrasse l'innocence

Ne doit point tant prôner son nom et sa naissance,

Et l'humble procédé de la dévotion

---

1. *Bigot* : personne qui pratique la dévotion avec rigueur et étroitesse d'esprit. \ **2.** *À quel sujet* : pourquoi. \ **3.** *Gueux* : pauvre. \ **4.** *Attache* : attachement. \ **5.** *Fiefs* : terres possédées par des nobles.

500 Souffre mal les éclats de cette ambition.
  À quoi bon cet orgueil ?... Mais ce discours vous blesse :
  Parlons de sa personne, et laissons sa noblesse.
  Ferez-vous possesseur, sans quelque peu d'ennui[1],
  D'une fille comme elle un homme comme lui ?
505 Et ne devez-vous pas songer aux bienséances,
  Et de cette union prévoir les conséquences ?
  Sachez que d'une fille on risque la vertu,
  Lorsque dans son hymen[2] son goût est combattu,
  Que le dessein[3] d'y vivre en honnête personne
510 Dépend des qualités du mari qu'on lui donne,
  Et que ceux dont partout on montre au doigt le front
  Font leurs femmes souvent ce qu'on voit qu'elles sont.
  Il est bien difficile enfin d'être fidèle
  À de certains maris faits d'un certain modèle ;
515 Et qui donne à sa fille un homme qu'elle hait
  Est responsable au Ciel[4] des fautes qu'elle fait.
  Songez à quels périls votre dessein vous livre.

ORGON

Je vous dis qu'il me faut apprendre d'elle à vivre.

DORINE

Vous n'en feriez que mieux de suivre mes leçons.

ORGON

520 Ne nous amusons point, ma fille, à ces chansons[5] :
  Je sais ce qu'il vous faut, et je suis votre père.
  J'avais donné pour vous ma parole à Valère ;
  Mais outre qu'à jouer on dit qu'il est enclin,

---

1. *Ennui* : tourment, souffrance. \ **2.** *Hymen* : mariage. \ **3.** *Dessein* : intention. \ **4.** *Au Ciel* : devant Dieu. \ **5.** *Chansons* : sornettes, balivernes.

Je le soupçonne encor d'être un peu libertin[1] :
525 Je ne remarque point qu'il hante[2] les églises.

DORINE

Voulez-vous qu'il y coure à vos heures précises,
Comme ceux qui n'y vont que pour être aperçus ?

ORGON

Je ne demande pas votre avis là-dessus.
Enfin avec le Ciel l'autre est le mieux du monde,
530 Et c'est une richesse à nulle autre seconde.
Cet hymen[3] de tous biens comblera vos désirs,
Il sera tout confit en douceurs et plaisirs[4].
Ensemble vous vivrez, dans vos ardeurs fidèles,
Comme deux vrais enfants, comme deux tourterelles[5] ;
535 À nul fâcheux débat jamais vous n'en viendrez,
Et vous ferez de lui tout ce que vous voudrez.

DORINE

Elle ? elle n'en fera qu'un sot[6], je vous assure.

ORGON

Ouais ! quels discours !

DORINE

Je dis qu'il en a l'encolure[7],
Et que son ascendant[8], Monsieur, l'emportera
540 Sur toute la vertu que votre fille aura.

---

1. *Libertin* : peu préoccupé par les questions de morale et de religion. \ 2. *Hante* : fréquente. \ 3. *Hymen* : mariage. \ 4. *Confit en douceurs et plaisirs* : rempli, pénétré de sentiments doux, qui garantiront sa stabilité. Cette expression, qui renvoie à des friandises sucrées (fruits confits), est un détournement plaisant de l'expression péjorative « confit en dévotion », qui signifie « dévot à l'excès ». \ 5. *Tourterelles* : oiseaux qui symbolisent l'innocence des époux. \ 6. *Sot* : cocu. \ 7. *Encolure* : l'air, la façon d'être. \ 8. *Ascendant* : influence (des astres, en particulier) qui pèse sur l'existence.

ORGON

Cessez de m'interrompre, et songez à vous taire,
Sans mettre votre nez où vous n'avez que faire.

DORINE

Je n'en parle, Monsieur, que pour votre intérêt.
Elle l'interrompt toujours au moment qu'il se retourne
pour parler à sa fille.

ORGON

C'est prendre trop de soin : taisez-vous, s'il vous plaît.

DORINE

545 Si l'on ne vous aimait…   *If it wasn't that I'm fond of you*

ORGON

Je ne veux pas qu'on m'aime.

DORINE

Et je veux vous aimer, Monsieur, malgré vous-même.

ORGON

Ah !

DORINE

Votre honneur m'est cher, et je ne puis souffrir [1]
Qu'aux brocards [2] d'un chacun vous alliez vous offrir.

ORGON

Vous ne vous tairez point ?

DORINE

C'est une conscience [3]
550 Que de vous laisser faire une telle alliance.

---

1. *Souffrir* : endurer, supporter. \ **2.** *Brocards* : moqueries. \ **3.** *C'est une conscience* : cela pose un problème de conscience.

ORGON

Te tairas-tu, serpent, dont les traits effrontés… ?

DORINE

Ah ! vous êtes dévot, et vous vous emportez ?

ORGON

Oui, ma bile[1] s'échauffe à toutes ces fadaises,
Et tout résolument je veux que tu te taises.

DORINE

555 Soit. Mais, ne disant mot, je n'en pense pas moins.

ORGON

Pense, si tu le veux ; mais applique tes soins
À ne m'en point parler, ou… Suffit.

Se retournant vers sa fille.

Comme sage,
J'ai pesé mûrement toutes choses.

DORINE

J'enrage
De ne pouvoir parler.

Elle se tait lorsqu'il tourne la tête.

ORGON

Sans être damoiseau[2],
560 Tartuffe est fait de sorte…

DORINE

Oui, c'est un beau museau[3].

---

1. *Bile* : ici, mauvaise humeur, colère. La bile est l'une des quatre humeurs (liquides contenus dans le corps) dont tient compte la médecine classique. On attribuait à la bile une influence sur le tempérament. \ **2.** *Damoiseau* : jeune élégant. \ **3.** *Museau* : minois, visage.

ORGON

Que quand tu n'aurais même aucune sympathie
Pour tous les autres dons…

Il se tourne devant elle, et la regarde les bras croisés.

DORINE

La voilà bien lotie !

Si j'étais en sa place, un homme assurément
Ne m'épouserait pas de force impunément ;
565 Et je lui ferais voir bientôt après la fête
Qu'une femme a toujours une vengeance prête.

no man would make me marry against my will

ORGON

Donc de ce que je dis on ne fera nul cas ?

DORINE

De quoi vous plaignez-vous ? Je ne vous parle pas.

ORGON

Qu'est-ce que tu fais donc ?

DORINE

Je me parle à moi-même.

ORGON

570 Fort bien. Pour châtier son insolence extrême,
Il faut que je lui donne un revers de ma main[1].

*Il se met en posture de lui donner un soufflet[2] ;
et Dorine, à chaque coup d'œil qu'il jette,
se tient droite sans parler.*

Ma fille, vous devez approuver mon dessein[3]…
Croire que le mari… que j'ai su vous élire…

---

1. *Un revers de ma main* : un coup, une gifle. \ 2. *Soufflet* : gifle. \ 3. *Dessein* : projet.

À Dorine[1].

Que ne te parles-tu ?

DORINE
Je n'ai rien à me dire.

ORGON
575 Encore un petit mot.

DORINE
Il ne me plaît pas, moi.

ORGON
Certes, je t'y guettais.

DORINE
Quelque sotte[2], ma foi !

ORGON
Enfin, ma fille, il faut payer d'obéissance,
Et montrer pour mon choix entière déférence[3].

DORINE, *en s'enfuyant.*
Je me moquerais fort de prendre un tel époux.

Il lui veut donner un soufflet et la manque.

ORGON
580 Vous avez là, ma fille, une peste avec vous,
Avec qui sans péché je ne saurais plus vivre.
Je me sens hors d'état maintenant de poursuivre :
Ses discours insolents m'ont mis l'esprit en feu,
Et je vais prendre l'air pour me rasseoir[4] un peu.

---

1. Cette didascalie n'apparaît que dans certaines éditions.\ 2. *Quelque sotte* : quelque sotte aurait parlé, mais pas moi. \ 3. *Déférence* : respect. \ 4. *Me rasseoir* : me remettre de mes émotions.

Scène 3

DORINE, MARIANE

DORINE

585 Avez-vous donc perdu, dites-moi, la parole,
Et faut-il qu'en ceci je fasse votre rôle ?
Souffrir[1] qu'on vous propose un projet insensé,
Sans que du moindre mot vous l'ayez repoussé !

MARIANE

Contre un père absolu que veux-tu que je fasse ?

DORINE

590 Ce qu'il faut pour parer une telle menace.

MARIANE

Quoi ?

DORINE

Lui dire qu'un cœur n'aime point par autrui,
Que vous vous mariez pour vous, non pas pour lui,
Qu'étant celle pour qui se fait toute l'affaire,
C'est à vous, non à lui, que le mari doit plaire,
595 Et que si son Tartuffe est pour lui si charmant,
Il le peut épouser sans nul empêchement.

MARIANE

Un père, je l'avoue, a sur nous tant d'empire[2],
Que je n'ai jamais eu la force de rien dire.

DORINE

Mais raisonnons. Valère a fait pour vous des pas[3] ;
600 L'aimez-vous, je vous prie, ou ne l'aimez-vous pas ?

---

1. *Souffrir* : endurer, supporter. \ **2.** *Empire* : pouvoir. \ **3.** *Pas* : démarches.

MARIANE

Ah ! qu'envers mon amour ton injustice est grande,
Dorine ! me dois-tu faire cette demande ?
T'ai-je pas là-dessus ouvert cent fois mon cœur,
Et sais-tu pas pour lui jusqu'où va mon ardeur ?

DORINE

605 Que sais-je si le cœur a parlé par la bouche,
Et si c'est tout de bon que cet amant vous touche ?

MARIANE

Tu me fais un grand tort, Dorine, d'en douter,
Et mes vrais sentiments ont su trop éclater.

DORINE

Enfin, vous l'aimez donc ?

MARIANE

Oui, d'une ardeur extrême.

DORINE

610 Et selon l'apparence il vous aime de même ?

MARIANE

Je le crois.

DORINE

Et tous deux brûlez également
De vous voir mariés ensemble ?

MARIANE

Assurément.

DORINE

Sur cette autre union quelle est donc votre attente ?

MARIANE

De me donner la mort si l'on me violente.

DORINE

615 Fort bien : c'est un recours où je ne songeais pas ;

Vous n'avez qu'à mourir pour sortir d'embarras ;

Le remède sans doute est merveilleux. J'enrage

Lorsque j'entends tenir ces sortes de langage.

MARIANE

Mon Dieu ! de quelle humeur, Dorine, tu te rends !

620 Tu ne compatis point aux déplaisirs des gens.

DORINE

Je ne compatis point à qui dit des sornettes

Et dans l'occasion [1] mollit comme vous faites.

MARIANE

Mais que veux-tu ? si j'ai de la timidité.

DORINE

Mais l'amour dans un cœur veut de la fermeté.

MARIANE

625 Mais n'en gardé-je pas pour les feux [2] de Valère ?

Et n'est-ce pas à lui de m'obtenir d'un père ?

DORINE

Mais quoi ? si votre père est un bourru fieffé [3],

Qui s'est de son Tartuffe entièrement coiffé [4]

Et manque à l'union qu'il avait arrêtée,

630 La faute à votre amant doit-elle être imputée ?

---

1. *Dans l'occasion* : dans la bataille, face à la nécessité de combattre (terme militaire). \ 2. *Les feux* : l'amour. \ 3. *Bourru fieffé* : parfait extravagant. \ 4. *Coiffé* : entiché, obnubilé.

MARIANE

Mais par un haut refus et d'éclatants mépris
Ferai-je dans mon choix voir un cœur trop épris.
Sortirai-je pour lui, quelque éclat dont il brille,
De la pudeur du sexe et du devoir de fille ?
635 Et veux-tu que mes feux par le monde étalés… ?

DORINE

Non, non, je ne veux rien. Je vois que vous voulez
Être à Monsieur Tartuffe ; et j'aurais, quand j'y pense,
Tort de vous détourner d'une telle alliance.
Quelle raison aurais-je à combattre vos vœux ?
640 Le parti de soi-même est fort avantageux.
Monsieur[1] Tartuffe ! oh ! oh ! n'est-ce rien qu'on propose ?
Certes Monsieur Tartuffe, à bien prendre la chose,
N'est pas un homme, non, qui se mouche du pied[2],
Et ce n'est pas peu d'heur[3] que d'être sa moitié[4].
645 Tout le monde déjà de gloire[5] le couronne ;
Il est noble chez lui, bien fait de sa personne ;
Il a l'oreille rouge et le teint bien fleuri[6] :
Vous vivrez trop contente avec un tel mari.

MARIANE

Mon Dieu !…

DORINE

Quelle allégresse aurez-vous dans votre âme,
650 Quand d'un époux si beau vous vous verrez la femme !

How delightful to be married to such a fine looking husband.

---

1. *Monsieur* : marque ironique de respect. \ 2. *N'est pas un homme {…} qui se mouche du pied* : est un homme qui se croit important. \ 3. *Heur* : bonheur, chance. \ 4. *Moitié* : femme, épouse. \ 5. *Gloire* : majesté (sens religieux). \ 6. *Fleuri* : rougeaud, signe d'un tempérament sanguin, sensible aux plaisirs de la chair et de la boisson.

MARIANE

Ha ! cesse, je te prie, un semblable discours,
Et contre cet hymen [1] ouvre-moi du secours,
C'en est fait, je me rends, et suis prête à tout faire.

DORINE

Non, il faut qu'une fille obéisse à son père,
655 Voulût-il lui donner un singe pour époux.
Votre sort est fort beau : de quoi vous plaignez-vous ?
Vous irez par le coche [2] en sa petite ville,
Qu'en oncles et cousins vous trouverez fertile,
Et vous vous plairez fort à les entretenir.
660 D'abord chez le beau monde on vous fera venir ;
Vous irez visiter, pour votre bienvenue,
Madame la baillive [3] et Madame l'élue,
Qui d'un siège pliant [4] vous feront honorer.
Là, dans le carnaval, vous pourrez espérer
665 Le bal et la grand'bande [5], à savoir, deux musettes,
Et parfois Fagotin [6] et les marionnettes,
Si pourtant votre époux...

MARIANE

Ah ! tu me fais mourir.
De tes conseils plutôt songe à me secourir.

DORINE

Je suis votre servante.

---

1. *Hymen* : mariage. \ 2. *Coche* : voiture peu confortable, moyen de transport le moins cher, après la marche. \ 3. *Baillive* : femme du bailli, officier qui rendait la justice. \ 4. *Siège pliant* : le siège le plus inconfortable, réservé aux hôtes les moins prestigieux. \ 5. *Grand'bande* : les vingt-quatre violons du roi. \ 6. *Fagotin* : singe savant.

MARIANE

Eh ! Dorine, de grâce…

DORINE

670 Il faut, pour vous punir, que cette affaire passe [1].

MARIANE

Ma pauvre fille !

DORINE

Non.

MARIANE

Si mes vœux déclarés [2]…

DORINE

Point : Tartuffe est votre homme, et vous en tâterez.

MARIANE

Tu sais qu'à toi toujours je me suis confiée :
Fais-moi…

DORINE

Non, vous serez, ma foi ! tartuffiée.

MARIANE

675 Hé bien ! puisque mon sort ne saurait t'émouvoir,
Laisse-moi désormais toute à mon désespoir :
C'est de lui que mon cœur empruntera de l'aide,
Et je sais de mes maux l'infaillible remède.

Elle veut s'en aller.

DORINE

Hé ! là, là, revenez. Je quitte mon courroux.
680 Il faut, nonobstant tout [3], avoir pitié de vous.

---

1. *Passe* : se fasse. \ **2.** *Mes vœux déclarés* : l'aveu de mon amour. \ **3.** *Nonobstant tout* : malgré tout.

MARIANE

Vois-tu, si l'on m'expose à ce cruel martyre,
Je te le dis, Dorine, il faudra que j'expire.

DORINE

Ne vous tourmentez point. On peut adroitement
Empêcher… Mais voici Valère, votre amant.

Scène 4

VALÈRE, MARIANE, DORINE

VALÈRE

685 On vient de débiter[1], Madame, une nouvelle
Que je ne savais pas, et qui sans doute est belle.

MARIANE

Quoi ?

VALÈRE

Que vous épousez Tartuffe.

MARIANE

Il est certain
Que mon père s'est mis en tête ce dessein[2].

VALÈRE

Votre père, Madame…

MARIANE

A changé de visée[3] :
690 La chose vient par lui de m'être proposée.

---

1. *Débiter* : répandre. \ **2.** *Dessein* : projet. \ **3.** *Visée* : point de vue, intention.

VALÈRE

Quoi ? sérieusement ?

MARIANE

Oui, sérieusement.
Il s'est pour cet hymen [1] déclaré hautement [2].

VALÈRE

Et quel est le dessein où votre âme s'arrête,
Madame ?

MARIANE

Je ne sais.

VALÈRE

La réponse est honnête.
695   Vous ne savez ?

MARIANE

Non.

VALÈRE

Non ?

MARIANE

Que me conseillez-vous ?

VALÈRE

Je vous conseille, moi, de prendre cet époux.

MARIANE

Vous me le conseillez ?

VALÈRE

Oui.

---

1. *Hymen* : mariage.   \   2. *Déclaré hautement* : prononcé clairement.

MARIANE

Tout de bon ?

VALÈRE

Sans doute :
Le choix est glorieux, et vaut bien qu'on l'écoute.

MARIANE

Hé bien ! c'est un conseil, Monsieur, que je reçois.

VALÈRE

700 Vous n'aurez pas grand-peine à le suivre, je crois.

MARIANE

Pas plus qu'à le donner en a souffert votre âme.

VALÈRE

Moi, je vous l'ai donné pour vous plaire, Madame.

MARIANE

Et moi, je le suivrai pour vous faire plaisir.

DORINE, *à part* [1].

Voyons ce qui pourra de ceci réussir [2].

VALÈRE

705 C'est donc ainsi qu'on aime ? Et c'était tromperie
Quand vous…

MARIANE

Ne parlons point de cela, je vous prie.
Vous m'avez dit tout franc que je dois accepter
Celui que pour époux on me veut présenter :
Et je déclare, moi, que je prétends le faire,
710 Puisque vous m'en donnez le conseil salutaire.

---

1. Cette didascalie n'apparaît que dans certaines éditions. \ 2. *Réussir* : résulter.

VALÈRE

Ne vous excusez point sur[1] mes intentions.
Vous aviez pris déjà vos résolutions ;
Et vous vous saisissez d'un prétexte frivole
Pour vous autoriser à manquer de parole.

MARIANE

715 Il est vrai, c'est bien dit.

VALÈRE

Sans doute ; et votre cœur
N'a jamais eu pour moi de véritable ardeur.

MARIANE

Hélas ! permis à vous d'avoir cette pensée.

VALÈRE

Oui, oui, permis à moi ; mais mon âme offensée
Vous préviendra[2] peut-être en un pareil dessein[3] ;
720 Et je sais où porter et mes vœux et ma main.

MARIANE

Ah ! je n'en doute point ; et les ardeurs qu'excite
Le mérite…

VALÈRE

Mon Dieu, laissons là le mérite :
J'en ai fort peu sans doute[4], et vous en faites foi[5].
Mais j'espère aux bontés[6] qu'une autre aura pour moi,
725 Et j'en sais de qui l'âme, à ma retraite ouverte[7],
Consentira sans honte à réparer ma perte.

---

1. *Sur* : en prenant prétexte de. \ **2.** *Préviendra* : devancera. \ **3.** *Dessein* : projet. \ **4.** *Sans doute* : sans aucun doute. \ **5.** *Vous en faites foi* : vous pourriez en témoigner. \ **6.** *J'espère aux bontés* : je compte sur les bontés. \ **7.** *À ma retraite ouverte* : sensible à ma solitude.

MARIANE

La perte n'est pas grande ; et de ce changement
Vous vous consolerez assez facilement.

VALÈRE

J'y ferai mon possible, et vous le pouvez croire.
730 Un cœur qui nous oublie engage notre gloire[1] ;
Il faut à l'oublier mettre aussi tous nos soins :
Si l'on n'en vient à bout, on le doit feindre au moins ;
Et cette lâcheté jamais ne se pardonne,
De montrer de l'amour pour qui nous abandonne.

MARIANE

735 Ce sentiment, sans doute, est noble et relevé.

VALÈRE

Fort bien ; et d'un chacun il doit être approuvé.
Hé quoi ? vous voudriez qu'à jamais dans mon âme
Je gardasse pour vous les ardeurs de ma flamme,
Et vous visse, à mes yeux, passer en d'autres bras,
740 Sans mettre ailleurs un cœur dont vous ne voulez pas ?

MARIANE

Au contraire : pour moi, c'est ce que je souhaite ;
Et je voudrais déjà que la chose fût faite.

VALÈRE

Vous le voudriez ?

MARIANE

        Oui.

---

1. *Gloire* : honneur.

VALÈRE

C'est assez m'insulter,
Madame ; et de ce pas je vais vous contenter.

Il fait un pas pour s'en aller et revient toujours.

MARIANE

745 Fort bien.

VALÈRE

Souvenez-vous au moins que c'est vous-même
Qui contraignez mon cœur à cet effort extrême.

MARIANE

Oui.

VALÈRE

Et que le dessein que mon âme conçoit
N'est rien qu'à votre exemple.

MARIANE

À mon exemple, soit.

VALÈRE

Suffit : vous allez être à point nommé servie.

MARIANE

750 Tant mieux.

VALÈRE

Vous me voyez, c'est pour toute ma vie [1].

MARIANE

À la bonne heure.

---

1. *C'est pour toute ma vie* : vous ne me reverrez plus de toute ma vie.

VALÈRE. *Il s'en va, et, lorsqu'il est vers la porte,*
il se retourne.

Euh ?

MARIANE

Quoi ?

VALÈRE

Ne m'appelez-vous pas ?

MARIANE

Moi ? Vous rêvez.

VALÈRE

Hé bien ! je poursuis donc mes pas.
Adieu, Madame.

MARIANE

Adieu, Monsieur.

DORINE

Pour moi, je pense
Que vous perdez l'esprit par cette extravagance :
755 Et je vous ai laissé tout du long quereller[1],
Pour voir où tout cela pourrait enfin aller.
Holà ! seigneur Valère.
Elle va l'arrêter par le bras, et lui fait mine de grande résistance.

VALÈRE

Hé ! que veux-tu, Dorine ?

DORINE

Venez ici.

_____

1. *Quereller* : vous disputer.

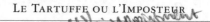

VALÈRE

Non, non, le dépit me domine.
Ne me détourne point de ce qu'elle a voulu.

Don't try to prevent me doing what she wants

DORINE

760 Arrêtez.

VALÈRE

Non, vois-tu ? c'est un point résolu.

DORINE

Ah !

MARIANE

Il souffre à me voir, ma présence le chasse,
Et je ferai bien mieux de lui quitter la place[1].

DORINE. *Elle quitte Valère et court à Mariane.*
À l'autre. Où courez-vous ?

MARIANE

Laisse.

DORINE

Il faut revenir.

MARIANE

Non, non, Dorine ; en vain tu veux me retenir.

VALÈRE

765 Je vois bien que ma vue est pour elle un supplice,
Et sans doute il vaut mieux que je l'en affranchisse.

---

1. *Quitter la place* : céder la place.

DORINE. *Elle quitte Mariane et court à Valère.*
Encor ? Diantre soit fait de vous[1] si je le veux !
Cessez ce badinage[2], et venez çà[3] tous deux.

Elle les tire l'un et l'autre.

VALÈRE

Mais quel est ton dessein ?

MARIANE

Qu'est-ce que tu veux faire ?

DORINE

770 Vous bien remettre ensemble, et vous tirer d'affaire.

À Valère.

Êtes-vous fou d'avoir un pareil démêlé ?

VALÈRE

N'as-tu pas entendu comme elle m'a parlé ?

DORINE, *à Mariane.*

Êtes-vous folle, vous, de vous être emportée ?

MARIANE

N'as-tu pas vu la chose, et comme il m'a traitée ?

DORINE, *à Valère.*

775 Sottise des deux parts. Elle n'a d'autre soin
Que de se conserver à vous, j'en suis témoin.

À Mariane[4].

Il n'aime que vous seule, et n'a point d'autre envie
Que d'être votre époux ; j'en réponds sur ma vie.

---

1. *Diantre soit fait de vous* : que le diable vous emporte. \ **2.** *Ce badinage* : ces enfantillages. \ **3.** *Venez çà* : venez ici. \ **4.** Ces quatre dernières didascalies n'apparaissent que dans certaines éditions.

MARIANE

Pourquoi donc me donner un semblable conseil ?

VALÈRE

780 Pourquoi m'en demander sur un sujet pareil ?

DORINE

Vous êtes fous tous deux. Çà, la main l'un et l'autre.
Allons, vous.

VALÈRE, *en donnant sa main à Dorine.*
À quoi bon ma main ?

DORINE

Ah ! çà, la vôtre.

MARIANE, *en donnant aussi sa main.*
De quoi sert tout cela ?

DORINE

Mon Dieu ! vite, avancez.
Vous vous aimez tous deux plus que vous ne pensez.

VALÈRE

785 Mais ne faites donc point les choses avec peine,
Et regardez un peu les gens sans nulle haine.

Mariane tourne l'œil sur Valère et fait un petit souris [1].

DORINE

À vous dire le vrai, les amants sont bien fous !

VALÈRE, *à Mariane [2].*
Ho çà, n'ai-je pas lieu de me plaindre de vous ?
Et pour n'en point mentir, n'êtes-vous pas méchante
790 De vous plaire à me dire une chose affligeante ?

---

1. *Souris* : sourire. \ **2.** Cette didascalie n'apparaît que dans certaines éditions.

MARIANE

Mais vous, n'êtes-vous pas l'homme le plus ingrat… ?

DORINE

Pour une autre saison [1] laissons tout ce débat,
Et songeons à parer [2] ce fâcheux mariage.

MARIANE

Dis-nous donc quels ressorts [3] il faut mettre en usage.

DORINE

795 Nous en ferons agir de toutes les façons.
Votre père se moque, et ce sont des chansons [4] ;
Mais pour vous, il vaut mieux qu'à son extravagance
D'un doux consentement vous prêtiez l'apparence,
Afin qu'en cas d'alarme il vous soit plus aisé
800 De tirer en longueur cet hymen [5] proposé.
En attrapant du temps, à tout on remédie.
Tantôt vous payerez [6] de quelque maladie,
Qui viendra tout à coup et voudra des délais ;
Tantôt vous payerez de présages mauvais :
805 Vous aurez fait d'un mort la rencontre fâcheuse,
Cassé quelque miroir, ou songé d'eau bourbeuse.
Enfin le bon de tout, c'est qu'à d'autres qu'à lui
On ne vous peut lier, que vous ne disiez « oui ».
Mais pour mieux réussir, il est bon, ce me semble,
810 Qu'on ne vous trouve point tous deux parlant ensemble.

À Valère.

Sortez, et sans tarder employez vos amis,
Pour vous faire tenir ce qu'on vous a promis.

---

1. *Saison* : moment. \ **2.** *Parer* : éviter, se protéger. \ **3.** *Ressorts* : manigances, ruses. \ **4.** *Chansons* : sornettes, balivernes. \ **5.** *Hymen* : mariage. \ **6.** *Payerez de* : prétexterez.

Nous allons réveiller les efforts de son frère,
Et dans notre parti jeter la belle-mère[1].
815 Adieu.

VALÈRE, à Mariane.

Quelques efforts que nous préparions tous,
Ma plus grande espérance, à vrai dire, est en vous.

MARIANE, à Valère.

Je ne vous réponds pas des volontés d'un père ;
Mais je ne serai point à d'autre qu'à Valère.

VALÈRE

Que vous me comblez d'aise ! Et quoi que puisse oser…

DORINE

820 Ah ! jamais les amants ne sont las de jaser[2].
Sortez, vous dis-je.

VALÈRE. Il fait un pas et revient.
Enfin…

DORINE

Quel caquet est le vôtre[3] !
Les poussant chacun par l'épaule.

Tirez de cette part[4] ; et vous, tirez de l'autre.

---

1. Dorine parle d'Elmire. \ 2. <i>Jaser</i> : babiller, bavarder. \ 3. <i>Quel caquet est le vôtre !</i> : que vous êtes bavard ! \ 4. <i>Tirez de cette part</i> : sortez de ce côté.

80

Acte III

Scène première

DAMIS, DORINE

DAMIS

Que la foudre sur l'heure achève mes destins,
Qu'on me traite partout du plus grand des faquins [1],
825 S'il est aucun respect ni pouvoir qui m'arrête,
Et si je ne fais pas quelque coup de ma tête !

DORINE

De grâce, modérez un tel emportement :
Votre père n'a fait qu'en parler simplement.
On n'exécute pas tout ce qui se propose,
830 Et le chemin est long du projet à la chose.

DAMIS

Il faut que de ce fat [2] j'arrête les complots,
Et qu'à l'oreille un peu je lui dise deux mots.

DORINE

Ha ! tout doux ! Envers lui, comme envers votre père,
Laissez agir les soins de votre belle-mère.
835 Sur l'esprit de Tartuffe elle a quelque crédit ;

---

1. *Faquins* : vauriens. \ 2. *Fat* : personnage vaniteux.

Il se rend complaisant à tout ce qu'elle dit,
Et pourrait bien avoir douceur de cœur pour elle.
Plût à Dieu qu'il[1] fût vrai ! la chose serait belle.
Enfin votre intérêt l'oblige à le mander[2] ;
840 Sur l'hymen[3] qui vous trouble elle veut le sonder,
Savoir ses sentiments, et lui faire connaître
Quels fâcheux démêlés il pourra faire naître,
S'il faut qu'à ce dessein[4] il prête quelque espoir.
Son valet dit qu'il prie, et je n'ai pu le voir ;
845 Mais ce valet m'a dit qu'il s'en allait descendre.
Sortez donc, je vous prie, et me laissez l'attendre.

DAMIS

Je puis être présent à tout cet entretien.

DORINE

Point. Il faut qu'ils soient seuls.

DAMIS

Je ne lui dirai rien.

DORINE

Vous vous moquez : on sait vos transports[5] ordinaires,
850 Et c'est le vrai moyen de gâter les affaires.
Sortez.

DAMIS

Non : je veux voir, sans me mettre en courroux.

DORINE

Que vous êtes fâcheux ! Il vient. Retirez-vous.
    Damis va se cacher dans un cabinet qui est au fond de la scène[6].

---

1. *Il* : cela. \ **2.** *Mander* : faire venir. \ **3.** *Hymen* : mariage. \ **4.** *Dessein* : projet. \ **5.** *Transports* : emportements. \ **6.** Cette didascalie n'apparaît que dans certaines éditions.

Scène 2

TARTUFFE, LAURENT, DORINE

TARTUFFE, *apercevant Dorine.*

Laurent, serrez ma haire avec ma discipline[1],
Et priez que toujours le Ciel vous illumine.
855 Si l'on vient pour me voir, je vais aux prisonniers[2]
Des aumônes que j'ai partager les deniers.

DORINE

Que d'affectation[3] et de forfanterie[4] !

TARTUFFE

Que voulez-vous ?

DORINE

Vous dire…

TARTUFFE. *Il tire un mouchoir de sa poche.*

Ah ! mon Dieu, je vous prie,
Avant que de parler prenez-moi ce mouchoir.

DORINE

860 Comment ?

TARTUFFE

Couvrez ce sein que je ne saurais voir :
Par de pareils objets les âmes sont blessées,
Et cela fait venir de coupables pensées.

---

1. *Ma haire avec ma discipline* : instruments de mortification et de pénitence. La *haire* est une petite chemise en crin, portée directement sur la peau. La *discipline* est un petit fouet. \ **2.** *Aux prisonniers* : avec les prisonniers. \ **3.** *Affectation* : manières hypocrites. \ **4.** *Forfanterie* : vantardise.

DORINE

Vous êtes donc bien tendre à la tentation[1],
Et la chair sur vos sens fait grande impression ?
865 Certes je ne sais pas quelle chaleur vous monte :
Mais à convoiter, moi, je ne suis point si prompte,
Et je vous verrais nu du haut jusques en bas,
Que toute votre peau ne me tenterait pas.

TARTUFFE

Mettez dans vos discours un peu de modestie,
870 Ou je vais sur-le-champ vous quitter la partie[2].

DORINE

Non, non, c'est moi qui vais vous laisser en repos,
Et je n'ai seulement qu'à vous dire deux mots.
Madame va venir dans cette salle basse[3],
Et d'un mot d'entretien vous demande la grâce.

TARTUFFE

875 Hélas ! très volontiers.

DORINE, *en soi-même.*

Comme il se radoucit !
Ma foi, je suis toujours pour ce que j'en ai dit.

TARTUFFE

Viendra-t-elle bientôt ?

DORINE

Je l'entends, ce me semble.
Oui, c'est elle en personne, et je vous laisse ensemble.

---

1. *Vous êtes donc bien tendre à la tentation* : vous vous laissez bien facilement tenter.
\ **2.** *Quitter la partie* : céder la place, partir. \ **3.** *Salle basse* : salle du rez-de-chaussée.

Scène 3

ELMIRE, TARTUFFE

TARTUFFE

Que le Ciel à jamais par sa toute bonté
880 Et de l'âme et du corps vous donne la santé,
Et bénisse vos jours autant que le désire
Le plus humble de ceux que son amour inspire.

ELMIRE

Je suis fort obligée à ce souhait pieux.
Mais prenons une chaise, afin d'être un peu mieux.

TARTUFFE

885 Comment de votre mal vous sentez-vous remise ?

ELMIRE

Fort bien ; et cette fièvre a bientôt quitté prise.

TARTUFFE

Mes prières n'ont pas le mérite qu'il faut
Pour avoir attiré cette grâce d'en haut ;
Mais je n'ai fait au Ciel nulle dévote instance [1]
890 Qui n'ait eu pour objet votre convalescence.

ELMIRE

Votre zèle pour moi s'est trop inquiété.

TARTUFFE

On ne peut trop chérir votre chère santé,
Et pour la rétablir j'aurais donné la mienne.

---

1. *Instance* : prière.

ELMIRE

C'est pousser bien avant la charité chrétienne,
895 Et je vous dois beaucoup pour toutes ces bontés.

TARTUFFE

Je fais bien moins pour vous que vous ne méritez.

ELMIRE

J'ai voulu vous parler en secret d'une affaire,
Et suis bien aise ici qu'aucun ne nous éclaire[1].

TARTUFFE

J'en suis ravi de même, et sans doute il m'est doux,
900 Madame, de me voir seul à seul avec vous :
C'est une occasion qu'au Ciel j'ai demandée,
Sans que jusqu'à cette heure il me l'ait accordée.

ELMIRE

Pour moi, ce que je veux, c'est un mot d'entretien,
Où tout votre cœur s'ouvre et ne me cache rien.

TARTUFFE

905 Et je ne veux aussi pour grâce singulière[2]
Que montrer à vos yeux mon âme tout entière,
Et vous faire serment que les bruits[3] que j'ai faits
Des visites qu'ici reçoivent vos attraits
Ne sont pas envers vous l'effet d'aucune haine,
910 Mais plutôt d'un transport de zèle[4] qui m'entraîne,
Et d'un pur mouvement…

ELMIRE

Je le prends bien aussi,
Et crois que mon salut vous donne ce souci.

---

1. *Éclaire* : épie. \ **2.** *Grâce singulière* : privilège. \ **3.** *Bruits* : critiques. \ **4.** *Zèle* : ardeur religieuse et/ou amoureuse.

TARTUFFE. *Il lui serre le bout des doigts.*

Oui, Madame, sans doute, et ma ferveur est telle…

ELMIRE

Ouf ! vous me serrez trop.

TARTUFFE

C'est par excès de zèle.
915 De vous faire aucun mal je n'eus jamais dessein[1],
Et j'aurais bien plutôt…

Il lui met la main sur le genou.

ELMIRE

Que fait là votre main ?

TARTUFFE

Je tâte votre habit : l'étoffe en est moelleuse.

ELMIRE

Ah ! de grâce, laissez, je suis fort chatouilleuse.

Elle recule sa chaise, et Tartuffe rapproche la sienne.

TARTUFFE, *maniant le fichu d'Elmire[2].*

Mon Dieu ! que de ce point[3] l'ouvrage est merveilleux !
920 On travaille aujourd'hui d'un air[4] miraculeux ;
Jamais, en toute chose, on n'a vu si bien faire.

ELMIRE

Il est vrai. Mais parlons un peu de notre affaire.
On tient[5] que mon mari veut dégager sa foi[6],
Et vous donner sa fille. Est-il vrai, dites-moi ?

---

1. *Dessein* : intention. \ **2.** Cette didascalie n'apparaît que dans certaines éditions. \ **3.** *Point* : point de couture, de broderie ou de dentelle. \ **4.** *D'un air* : d'une manière. \ **5.** *On tient* : on prétend. \ **6.** *Dégager sa foi* : retirer sa promesse.

TARTUFFE

925 Il m'en a dit deux mots ; mais, Madame, à vrai dire,
Ce n'est pas le bonheur après quoi je soupire ;
Et je vois autre part les merveilleux attraits
De la félicité qui fait tous mes souhaits.

ELMIRE

C'est que vous n'aimez rien des choses de la terre.

TARTUFFE

930 Mon sein n'enferme pas un cœur qui soit de pierre.

ELMIRE

Pour moi, je crois qu'au Ciel tendent tous vos soupirs,
Et que rien ici-bas n'arrête vos désirs.

TARTUFFE

L'amour qui nous attache aux beautés éternelles
N'étouffe pas en nous l'amour des temporelles ;
935 Nos sens facilement peuvent être charmés
Des ouvrages parfaits que le Ciel a formés.
Ses attraits réfléchis brillent dans vos pareilles[1] ;
Mais il étale en vous ses plus rares merveilles :
Il a sur votre face épanché des beautés
940 Dont les yeux sont surpris, et les cœurs transportés,
Et je n'ai pu vous voir, parfaite créature,
Sans admirer en vous l'auteur de la nature,
Et d'une ardente amour[2] sentir mon cœur atteint,
Au plus beau des portraits où lui-même il s'est peint.
945 D'abord j'appréhendai que cette ardeur secrète

---

1. *Vos pareilles* : vos semblables, c'est-à-dire les femmes. \ **2.** *Amour* : le nom pouvait encore être féminin à l'époque classique, même au singulier.

Ne fût du noir esprit [1] une surprise adroite [2] ;
Et même à fuir vos yeux mon cœur se résolut,
Vous croyant un obstacle à faire mon salut.
Mais enfin je connus, ô beauté toute aimable,
950 Que cette passion peut n'être point coupable,
Que je puis l'ajuster avecque [3] la pudeur,
Et c'est ce qui m'y fait abandonner mon cœur.
Ce m'est, je le confesse, une audace bien grande
Que d'oser de ce cœur vous adresser l'offrande ;
955 Mais j'attends en mes vœux tout de votre bonté,
Et rien des vains efforts de mon infirmité [4] ;
En vous est mon espoir, mon bien, ma quiétude [5],
De vous dépend ma peine ou ma béatitude [6],
Et je vais être enfin, par votre seul arrêt,
960 Heureux, si vous voulez, malheureux, s'il vous plaît.

ELMIRE

La déclaration est tout à fait galante,
Mais elle est, à vrai dire, un peu bien surprenante.
Vous deviez [7], ce me semble, armer mieux votre sein [8],
Et raisonner un peu sur un pareil dessein.
965 Un dévot comme vous, et que partout on nomme…

TARTUFFE

Ah ! pour être dévot, je n'en suis pas moins homme ;
Et lorsqu'on vient à voir vos célestes appas,
Un cœur se laisse prendre, et ne raisonne pas.
Je sais qu'un tel discours de moi paraît étrange ;

---

1. *Noir esprit* : diable. \ **2.** La prononciation de l'adjectif *adroite*, au XVIIe siècle, pouvait autoriser la rime avec *secrète*. \ **3.** *Avecque* : ancienne orthographe d'*avec*. \ **4.** *Infirmité* : faiblesse. \ **5.** *Quiétude* : tranquillité d'âme. \ **6.** *Béatitude* : félicité éternelle (vocabulaire religieux). \ **7.** *Deviez* : auriez dû. \ **8.** *Sein* : cœur.

970 Mais, Madame, après tout, je ne suis pas un ange ;
Et si vous condamnez l'aveu que je vous fais,
Vous devez vous en prendre à vos charmants attraits.
Dès que j'en vis briller la splendeur plus qu'humaine,
De mon intérieur[1] vous fûtes souveraine ;
975 De vos regards divins l'ineffable douceur
Força la résistance où s'obstinait mon cœur ;
Elle surmonta tout, jeûnes, prières, larmes,
Et tourna tous mes vœux du côté de vos charmes.
Mes yeux et mes soupirs vous l'ont dit mille fois,
980 Et pour mieux m'expliquer j'emploie ici la voix.
Que si vous contemplez d'une âme un peu bénigne[2]
Les tribulations[3] de votre esclave indigne,
S'il faut que vos bontés veuillent me consoler
Et jusqu'à mon néant daignent se ravaler,
985 J'aurai toujours pour vous, ô suave merveille,
Une dévotion à nulle autre pareille.
Votre honneur avec moi ne court point de hasard[4],
Et n'a nulle disgrâce à craindre de ma part.
Tous ces galants de cour, dont les femmes sont folles,
990 Sont bruyants dans leurs faits[5] et vains dans leurs paroles,
De leurs progrès sans cesse on les voit se targuer ;
Ils n'ont point de faveurs qu'ils n'aillent divulguer,
Et leur langue indiscrète, en qui l'on se confie,
Déshonore l'autel où leur cœur sacrifie.
995 Mais les gens comme nous brûlent d'un feu discret,
Avec qui pour toujours on est sûr du secret :
Le soin que nous prenons de notre renommée

---

1. *Mon intérieur* : mon for intérieur, mon cœur. \ **2.** *Bénigne* : bienveillante. \ **3.** *Tribulations* : ici, misères voulues par Dieu. \ **4.** *Hasard* : risques. \ **5.** *Faits* : actions.

Répond de toute chose à la personne aimée,
Et c'est en nous qu'on trouve, acceptant notre cœur,
1000 De l'amour sans scandale et du plaisir sans peur.

ELMIRE

Je vous écoute dire, et votre rhétorique
En termes assez forts à mon âme s'explique.
N'appréhendez-vous point que je ne sois d'humeur
À dire à mon mari cette galante ardeur,
1005 Et que le prompt avis d'un amour de la sorte
Ne pût bien altérer l'amitié qu'il vous porte ?

TARTUFFE

Je sais que vous avez trop de bénignité [1],
Et que vous ferez grâce à ma témérité,
Que vous m'excuserez sur l'humaine faiblesse
1010 Des violents transports d'un amour qui vous blesse,
Et considérerez, en regardant votre air,
Que l'on n'est pas aveugle, et qu'un homme est de chair.

ELMIRE

D'autres prendraient cela d'autre façon peut-être ;
Mais ma discrétion se veut faire paraître.
1015 Je ne redirai point l'affaire à mon époux ;
Mais je veux en revanche une chose de vous :
C'est de presser tout franc et sans nulle chicane [2]
L'union de Valère avecque [3] Mariane,
De renoncer vous-même à l'injuste pouvoir
1020 Qui veut du bien d'un autre enrichir votre espoir,
Et...

_____

1. *Bénignité* : bienveillance. \ 2. *Sans nulle chicane* : sans protester, sans faire de difficultés. \ 3. *Avecque* : ancienne orthographe d'*avec*.

Scène 4

DAMIS, ELMIRE, TARTUFFE

DAMIS, *sortant du petit cabinet où il s'était retiré.*
Non, Madame, non : ceci doit se répandre[1].
J'étais en cet endroit, d'où j'ai pu tout entendre ;
Et la bonté du Ciel m'y semble avoir conduit
Pour confondre[2] l'orgueil d'un traître qui me nuit,
1025 Pour m'ouvrir une voie à prendre la vengeance
De son hypocrisie et de son insolence,
À détromper mon père, et lui mettre en plein jour
L'âme d'un scélérat qui vous parle d'amour.

ELMIRE

Non, Damis : il suffit qu'il se rende plus sage,
1030 Et tâche à mériter la grâce[3] où je m'engage.
Puisque je l'ai promis, ne m'en dédites pas.
Ce n'est point mon humeur de faire des éclats[4] :
Une femme se rit de sottises pareilles,
Et jamais d'un mari n'en trouble les oreilles.

DAMIS

1035 Vous avez vos raisons pour en user ainsi,
Et pour faire autrement j'ai les miennes aussi.
Le vouloir épargner est une raillerie ;
Et l'insolent orgueil de sa cagoterie[5]
N'a triomphé que trop de mon juste courroux,
1040 Et que trop excité de désordre chez nous.
Le fourbe trop longtemps a gouverné mon père,

---

1. *Se répandre* : se savoir. \ 2. *Confondre* : dénoncer. \ 3. *Grâce* : pardon. \ 4. *Éclats* : scandales. \ 5. *Cagoterie* : hypocrisie, fausse dévotion.

Et desservi mes feux avec ceux de Valère.
Il faut que du perfide [1] il soit désabusé [2],
Et le Ciel pour cela m'offre un moyen aisé.
1045 De cette occasion je lui suis redevable,
Et pour la négliger, elle est trop favorable :
Ce serait mériter qu'il me la vînt ravir
Que de l'avoir en main et ne m'en pas servir.

ELMIRE

Damis…

DAMIS

Non, s'il vous plaît, il faut que je me croie [3].
1050 Mon âme est maintenant au comble de sa joie ;
Et vos discours en vain prétendent m'obliger
À quitter le plaisir de me pouvoir venger.
Sans aller plus avant, je vais vuider d'affaire [4];
Et voici justement de quoi me satisfaire.

Scène 5

ORGON, DAMIS, TARTUFFE, ELMIRE

DAMIS

1055 Nous allons régaler, mon père, votre abord [5]
D'un incident tout frais qui vous surprendra fort.
Vous êtes bien payé de toutes vos caresses,
Et Monsieur d'un beau prix reconnaît vos tendresses.

---

1. *Perfide* : traître. \ **2.** *Désabusé* : détrompé. \ **3.** *Il faut que je me croie* : il faut que je m'écoute, que j'agisse comme je l'entends. \ **4.** *Vuider d'affaire* : régler la question. \ **5.** *Abord* : venue.

Son grand zèle pour vous vient de se déclarer :
1060 Il ne va pas à moins qu'à vous déshonorer ;
Et je l'ai surpris là qui faisait à Madame
L'injurieux aveu d'une coupable flamme,
Elle est d'une humeur douce, et son cœur trop discret
Voulait à toute force [1] en garder le secret ;
1065 Mais je ne puis flatter [2] une telle impudence [3],
Et crois que vous la taire est vous faire une offense.

ELMIRE

Oui, je tiens que jamais de tous ces vains propos
On ne doit d'un mari traverser le repos,
Que ce n'est point de là que l'honneur peut dépendre,
1070 Et qu'il suffit pour nous de savoir nous défendre :
Ce sont mes sentiments ; et vous n'auriez rien dit,
Damis, si j'avais eu sur vous quelque crédit.

Scène 6

ORGON, DAMIS, TARTUFFE

ORGON

Ce que je viens d'entendre, ô Ciel ! est-il croyable ?

TARTUFFE

Oui, mon frère, je suis un méchant, un coupable,
1075 Un malheureux pécheur, tout plein d'iniquité [4],
Le plus grand scélérat qui jamais ait été ;
Chaque instant de ma vie est chargé de souillures ;

---

1. *À toute force* : à tout prix. \ **2.** *Flatter* : excuser, cautionner. \ **3.** *Impudence* : attitude indigne, contraire à toutes les règles de la pudeur. \ **4.** *Iniquité* : méchanceté.

Elle n'est qu'un amas de crimes et d'ordures[1] ;
Et je vois que le Ciel, pour ma punition,
1080 Me veut mortifier[2] en cette occasion.
De quelque grand forfait qu'on me puisse reprendre,
Je n'ai garde d'avoir l'orgueil de m'en défendre.
Croyez ce qu'on vous dit, armez votre courroux,
Et comme un criminel chassez-moi de chez vous :
1085 Je ne saurais avoir tant de honte en partage,
Que je n'en aie encor mérité davantage.

ORGON, *à son fils.*

Ah ! traître, oses-tu bien par cette fausseté
Vouloir de sa vertu ternir la pureté ?

DAMIS

Quoi ? la feinte douceur de cette âme hypocrite
1090 Vous fera démentir… ?

ORGON

Tais-toi, peste maudite.

TARTUFFE

Ah ! laissez-le parler : vous l'accusez à tort,
Et vous ferez bien mieux de croire à son rapport[3].
Pourquoi sur un tel fait m'être si favorable ?
Savez-vous, après tout, de quoi je suis capable ?
1095 Vous fiez-vous, mon frère, à mon extérieur[4] ?
Et, pour tout ce qu'on voit[5], me croyez-vous meilleur ?
Non, non : vous vous laissez tromper à l'apparence,

---

1. *De crimes et d'ordures* : de péchés et de mauvaises actions (sens moral). \ **2.** *Mortifier* : imposer une humiliation, une souffrance, dans une intention morale et spirituelle. \ **3.** *Son rapport* : ce qu'il vous en dit. \ **4.** *Extérieur* : apparence. \ **5.** *Pour tout ce qu'on voit* : en vous fondant sur les apparences.

Et je ne suis rien moins, hélas ! que ce qu'on pense ;
Tout le monde me prend pour un homme de bien ;
1100 Mais la vérité pure est que je ne vaux rien.

S'adressant à Damis.

Oui, mon cher fils, parlez ; traitez-moi de perfide,
D'infâme, de perdu [1], de voleur, d'homicide [2] ;
Accablez-moi de noms encor plus détestés :
Je n'y contredis point, je les ai mérités ;
1105 Et j'en veux à genoux souffrir [3] l'ignominie [4],
Comme une honte due aux crimes de ma vie.

ORGON, *à Tartuffe.*

Mon frère, c'en est trop.

À son fils.

Ton cœur ne se rend point,
Traître ?

DAMIS

Quoi ? ses discours vous séduiront au point…

ORGON

Tais-toi, pendard [5].

À Tartuffe.

Mon frère, eh ! levez-vous, de grâce !

À son fils.

1110 Infâme !

DAMIS

Il peut…

---

1. *Perdu* : âme perdue, personne qui ne pourra obtenir son salut, du fait d'un comportement immoral. \ **2.** *Homicide* : meurtrier. \ **3.** *Souffrir* : endurer, supporter. \ **4.** *Ignominie* : déshonneur. \ **5.** *Pendard* : personne digne d'être pendue, vaurien.

ORGON

Tais-toi.

DAMIS

J'enrage ! Quoi ? je passe…

ORGON

Si tu dis un seul mot, je te romprai les bras.

TARTUFFE

Mon frère, au nom de Dieu, ne vous emportez pas.
J'aimerais mieux souffrir[1] la peine la plus dure
Qu'il[2] eût reçu pour moi la moindre égratignure.

ORGON, *à son fils.*

1115 Ingrat !

TARTUFFE

Laissez-le en paix. S'il faut, à deux genoux
Vous demander sa grâce…

ORGON, *à Tartuffe.*

Hélas ! vous moquez-vous ?

À son fils.

Coquin ! vois sa bonté.

DAMIS

Donc…

ORGON

Paix.

DAMIS

Quoi ? je…

---

1. *Souffrir* : endurer, supporter. \ **2.** *Qu'il* : plutôt qu'il.

ORGON

Paix, dis-je.

Je sais bien quel motif à l'attaquer t'oblige :
Vous le haïssez tous ; et je vois aujourd'hui
1120 Femme, enfants et valets déchaînés contre lui ;
On met impudemment toute chose en usage,
Pour ôter de chez moi ce dévot personnage.
Mais plus on fait d'effort afin de l'en bannir,
Plus j'en veux employer à l'y mieux retenir ;
1125 Et je vais me hâter de lui donner ma fille,
Pour confondre [1] l'orgueil de toute ma famille…

DAMIS

À recevoir sa main on pense l'obliger ?

ORGON

Oui, traître, et dès ce soir, pour vous faire enrager.
Ah ! je vous brave tous, et vous ferai connaître
1130 Qu'il faut qu'on m'obéisse et que je suis le maître.
Allons, qu'on se rétracte, et qu'à l'instant, fripon,
On se jette à ses pieds pour demander pardon.

DAMIS

Qui, moi ? de ce coquin, qui, par ses impostures…

ORGON

Ah ! tu résistes, gueux, et lui dis des injures ?
1135 Un bâton ! un bâton !

À Tartuffe.

Ne me retenez pas.

À son fils.

---

1. *Confondre* : dénoncer.

Sus [1], que de ma maison on sorte de ce pas,
Et que d'y revenir on n'ait jamais l'audace.

DAMIS

Oui, je sortirai ; mais…

ORGON

                    Vite, quittons la place [2].
Je te prive, pendard [3], de ma succession [4],
1140 Et te donne de plus ma malédiction.

Scène 7

ORGON, TARTUFFE

ORGON

Offenser de la sorte une sainte personne !

TARTUFFE

Ô Ciel, pardonne-lui la douleur qu'il me donne !

À Orgon.

Si vous pouviez savoir avec quel déplaisir
Je vois qu'envers mon frère on tâche à me noircir…

ORGON

1145 Hélas !

TARTUFFE

      Le seul penser [5] de cette ingratitude
Fait souffrir [6] à mon âme un supplice si rude…

unbearable to me

L'horreur que j'en conçois… J'ai le cœur si serré,
Que je ne puis parler, et crois que j'en mourrai.

ORGON. *Il court tout en larmes à la porte par*
où il a chassé son fils.

Coquin ! je me repens que ma main t'ait fait grâce,
1150 Et ne t'ait pas d'abord [1] assommé sur la place.
Remettez-vous, mon frère, et ne vous fâchez pas.

TARTUFFE

Rompons, rompons le cours de ces fâcheux débats.
Je regarde céans [2] quels grands troubles j'apporte,
Et crois qu'il est besoin, mon frère, que j'en sorte.

ORGON

1155 Comment ? vous moquez-vous ?

TARTUFFE

On m'y hait, et je vois
Qu'on cherche à vous donner des soupçons de ma foi.

ORGON

Qu'importe ? Voyez-vous que mon cœur les écoute ?

TARTUFFE

On ne manquera pas de poursuivre, sans doute ;
Et ces mêmes rapports qu'ici vous rejetez
1160 Peut-être une autre fois seront-ils écoutés.

ORGON

Non, mon frère, jamais.

---

1. *D'abord* : d'emblée, immédiatement. \ 2. *Céans* : ici.

TARTUFFE

Ah ! mon frère, une femme
Aisément d'un mari peut bien surprendre[1] l'âme.

ORGON

Non, non.

TARTUFFE

Laissez-moi vite, en m'éloignant d'ici,
Leur ôter tout sujet de m'attaquer ainsi.

ORGON

1165 Non, vous demeurerez : il y va de ma vie.

TARTUFFE

Hé bien ! il faudra donc que je me mortifie[2].
Pourtant, si vous vouliez…

ORGON

Ah !

TARTUFFE

Soit : n'en parlons plus
Mais je sais comme il faut en user là-dessus.
L'honneur est délicat, et l'amitié m'engage
1170 À prévenir les bruits et les sujets d'ombrage[3].
Je fuirai votre épouse, et vous ne me verrez…

ORGON

Non, en dépit de tous, vous la fréquenterez.
Faire enrager le monde est ma plus grande joie,
Et je veux qu'à toute heure avec elle on vous voie.

---

1. *Surprendre* : tromper. \ **2.** *Je me mortifie* : je m'impose des souffrances et/ou des humiliations, pour expier mes péchés. \ **3.** *Ombrage* : soupçons, jalousie.

1175 Ce n'est pas tout encor : pour les mieux braver tous,
Je ne veux point avoir d'autre héritier que vous,
Et je vais de ce pas, en fort bonne manière,
Vous faire de mon bien donation entière.
Un bon et franc ami, que pour gendre je prends,
1180 M'est bien plus cher que fils, que femme, et que parents.
N'accepterez-vous pas ce que je vous propose ?

TARTUFFE

La volonté du Ciel soit faite en toute chose.

ORGON

Le pauvre homme ! Allons vite en dresser un écrit,
Et que puisse l'envie[1] en crever de dépit !

---

1. *L'envie* : les envieux.

Acte IV

Scène première

CLÉANTE, TARTUFFE

CLÉANTE

1185 Oui, tout le monde en parle, et vous m'en pouvez croire,
L'éclat que fait ce bruit[1] n'est point à votre gloire ;
Et je vous ai trouvé, Monsieur, fort à propos,
Pour vous en dire net ma pensée en deux mots.
Je n'examine point à fond[2] ce qu'on expose ;
1190 Je passe là-dessus, et prends au pis[3] la chose.
Supposons que Damis n'en ait pas bien usé[4],
Et que ce soit à tort qu'on vous ait accusé :
N'est-il pas d'un chrétien de pardonner l'offense,
Et d'éteindre en son cœur tout désir de vengeance ?
1195 Et devez-vous souffrir[5], pour[6] votre démêlé,
Que du logis d'un père un fils soit exilé ?
Je vous le dis encor, et parle avec franchise,
Il n'est petit ni grand qui ne s'en scandalise ;
Et si vous m'en croyez, vous pacifierez tout,
1200 Et ne pousserez point les affaires à bout.

---

1. *Bruit* : rumeur, scandale. \ **2.** *À fond* : sur le fond (ce qui est opposé à la forme). \ **3.** *Pis* : pire. \ **4.** *N'en ait pas bien usé* : se soit mal comporté. \ **5.** *Souffrir* : endurer, supporter. \ **6.** *Pour* : à cause de.

Sacrifiez à Dieu toute votre colère,
Et remettez le fils en grâce avec le père.

TARTUFFE

Hélas ! je le voudrais, quant à moi, de bon cœur :
Je ne garde pour lui, Monsieur, aucune aigreur ;
1205 Je lui pardonne tout, de rien je ne le blâme,
Et voudrais le servir du meilleur de mon âme ;
Mais l'intérêt du Ciel n'y saurait consentir,
Et s'il rentre céans[1], c'est à moi d'en sortir.
Après son action, qui n'eut jamais d'égale,
1210 Le commerce[2] entre nous porterait du scandale :
Dieu sait ce que d'abord tout le monde en croirait !
À pure politique[3] on me l'imputerait ;
Et l'on dirait partout que, me sentant coupable,
Je feins pour qui m'accuse un zèle charitable,
1215 Que mon cœur l'appréhende et veut le ménager,
Pour le pouvoir sous main au silence engager.

CLÉANTE

Vous nous payez ici d'excuses colorées[4],
Et toutes vos raisons, Monsieur, sont trop tirées[5].
Des intérêts du Ciel pourquoi vous chargez-vous ?
1220 Pour punir le coupable a-t-il besoin de nous ?
Laissez-lui, laissez-lui le soin de ses vengeances :
Ne songez qu'au pardon qu'il prescrit des offenses ;
Et ne regardez point aux jugements humains,
Quand vous suivez du Ciel les ordres souverains.
1225 Quoi ? le faible intérêt de ce qu'on pourra croire

1. *Céans* : ici. \ 2. *Commerce* : relation. \ 3. *Politique* : habileté, calcul. \ 4. *Excuses colorées* :
beaux prétextes. \ 5. *Tirées* : tirées par les cheveux (familier).

D'une bonne action empêchera la gloire ?
Non, non : faisons toujours ce que le Ciel prescrit,
Et d'aucun autre soin ne nous brouillons l'esprit.

TARTUFFE

Je vous ai déjà dit que mon cœur lui pardonne,
1230 Et c'est faire, Monsieur, ce que le Ciel ordonne ;
Mais après le scandale et l'affront d'aujourd'hui,
Le Ciel n'ordonne pas que je vive avec lui.

CLÉANTE

Et vous ordonne-t-il, Monsieur, d'ouvrir l'oreille
À ce qu'un pur caprice à son père conseille,
1235 Et d'accepter le don qui vous est fait d'un bien
Où le droit vous oblige à ne prétendre rien[1] ?

TARTUFFE

Ceux qui me connaîtront n'auront pas la pensée
Que ce soit un effet d'une âme intéressée.
Tous les biens de ce monde ont pour moi peu d'appas,
1240 De leur éclat trompeur je ne m'éblouis pas ;
Et si je me résous à recevoir du père
Cette donation qu'il a voulu me faire,
Ce n'est, à dire vrai, que parce que je crains
Que tout ce bien ne tombe en de méchantes mains,
1245 Qu'il ne trouve des gens qui, l'ayant en partage,
En fassent dans le monde un criminel usage,
Et ne s'en servent pas, ainsi que j'ai dessein[2],
Pour la gloire du Ciel et le bien du prochain.

---

1. Faire de Tartuffe son héritier suppose, pour Orgon, d'aller contre les règles habituelles du droit, qui incitent les pères à léguer leurs biens à leurs fils. \ **2.** *Avoir dessein* : avoir l'intention.

CLÉANTE

Hé, Monsieur, n'ayez point ces délicates craintes [1],
1250 Qui d'un juste héritier peuvent causer les plaintes ;
Souffrez, sans vous vouloir embarrasser de rien,
Qu'il soit à ses périls [2] possesseur de son bien ;
Et songez qu'il vaut mieux encor qu'il en mésuse [3],
Que si de l'en frustrer il faut qu'on vous accuse.
1255 J'admire seulement que sans confusion
Vous en ayez souffert [4] la proposition ;
Car enfin le vrai zèle a-t-il quelque maxime
Qui montre à dépouiller l'héritier légitime ?
Et s'il faut que le Ciel dans votre cœur ait mis
1260 Un invincible obstacle à vivre avec Damis,
Ne vaudrait-il pas mieux qu'en personne discrète
Vous fissiez de céans [5] une honnête retraite,
Que de souffrir [6] ainsi, contre toute raison,
Qu'on en chasse pour vous le fils de la maison ?
1265 Croyez-moi, c'est donner de votre prud'homie [7],
Monsieur…

TARTUFFE

Il est, Monsieur, trois heures et demie :
Certain devoir pieux me demande là-haut,
Et vous m'excuserez de vous quitter si tôt.

CLÉANTE

Ah !

---

1. *Délicates craintes* : craintes excessives, scrupules excessifs (sens ironique). \ 2. *À ses périls* : à ses risques et périls. \ 3. *Mésuse* : fasse mauvais usage. \ 4. *Souffert* : accepté. \ 5. *De céans* : d'ici. \ 6. *Souffrir* : endurer, supporter. \ 7. *Prud'homie* : sagesse.

Scène 2

ELMIRE, MARIANE, DORINE, CLÉANTE

DORINE, *à Cléante*[1].

De grâce, avec nous employez-vous pour elle,
1270 Monsieur : son âme souffre une douleur mortelle ;
Et l'accord que son père a conclu pour ce soir
La fait, à tous moments, entrer en désespoir.
Il va venir. Joignons nos efforts, je vous prie,
Et tâchons d'ébranler, de force ou d'industrie[2],
1275 Ce malheureux dessein qui nous a tous troublés.

Scène 3

ORGON, ELMIRE, MARIANE,
CLÉANTE, DORINE

ORGON

Ha ! je me réjouis de vous voir assemblés :

À Mariane.

Je porte en ce contrat[3] de quoi vous faire rire,
Et vous savez déjà ce que cela veut dire.

MARIANE, *à genoux.*

Mon père, au nom du Ciel, qui connaît ma douleur,
1280 Et par tout ce qui peut émouvoir votre cœur,
Relâchez-vous un peu des droits de la naissance[4],

---

1. Cette didascalie n'apparaît que dans certaines éditions. \ **2.** *D'industrie* : par la ruse. \ **3.** *Contrat* : contrat de mariage entre Tartuffe et Mariane. \ **4.** *Droits de la naissance* : droits d'un père sur ses enfants.

Et dispensez mes vœux de cette obéissance ;
Ne me réduisez point par cette dure loi
Jusqu'à me plaindre au Ciel de ce que je vous dois,
1285 Et cette vie, hélas ! que vous m'avez donnée,
Ne me la rendez pas, mon père, infortunée.
Si, contre un doux espoir que j'avais pu former,
Vous me défendez d'être à ce [1] que j'ose aimer,
Au moins, par vos bontés, qu'à vos genoux j'implore,
1290 Sauvez-moi du tourment d'être à ce que j'abhorre [2],
Et ne me portez point à quelque désespoir,
En vous servant sur moi de tout votre pouvoir.

ORGON, *se sentant attendrir.*

Allons, ferme, mon cœur, point de faiblesse humaine.

MARIANE

Vos tendresses pour lui ne me font point de peine ;
1295 Faites-les éclater, donnez-lui votre bien,
Et, si ce n'est assez, joignez-y tout le mien :
J'y consens de bon cœur, et je vous l'abandonne ;
Mais au moins n'allez pas jusques à ma personne,
Et souffrez [3] qu'un couvent dans les austérités
1300 Use les tristes jours que le Ciel m'a comptés.

ORGON

Ah ! voilà justement de mes religieuses [4],
Lorsqu'un père combat leurs flammes amoureuses !
Debout ! Plus votre cœur répugne à l'accepter,

---

1. *Ce* : celui. \ 2. *J'abhorre* : je déteste. \ 3. *Souffrez* : acceptez. \ 4. *Voilà justement de mes religieuses* : remarque ironique d'Orgon, qui se moque du soudain élan religieux de sa fille, motivé par le seul souci d'échapper à l'autorité de son père et à un mariage arrangé avec Tartuffe. Il sous-entend que le couvent est pour Mariane, comme pour beaucoup de jeunes filles, un choix étranger à la foi.

Plus ce sera pour vous matière à mériter[1] :
1305 Mortifiez vos sens avec ce mariage,
Et ne me rompez pas la tête davantage.

DORINE

Mais quoi… ?

ORGON

Taisez-vous, vous ; parlez à votre écot[2] :
Je vous défends tout net d'oser dire un seul mot.

CLÉANTE

Si par quelque conseil vous souffrez qu'on réponde…

ORGON

1310 Mon frère, vos conseils sont les meilleurs du monde,
Ils sont bien raisonnés, et j'en fais un grand cas ;
Mais vous trouverez bon que je n'en use pas.

ELMIRE, *à son mari.*

À voir ce que je vois, je ne sais plus que dire,
Et votre aveuglement fait que je vous admire :
1315 C'est être bien coiffé[3], bien prévenu de lui[4],
Que de nous démentir sur le fait d'aujourd'hui.

ORGON

Je suis votre valet, et crois les apparences.
Pour mon fripon de fils je sais vos complaisances
Et vous avez eu peur de le désavouer
1320 Du trait[5] qu'à ce pauvre homme il a voulu jouer ;
Vous étiez trop tranquille enfin pour être crue
Et vous auriez paru d'autre manière émue.

---

1. *Mériter* : manifester votre mérite en vue d'assurer votre salut. \ **2.** *Parlez à votre écot* : mêlez-vous de vos affaires. \ **3.** *Coiffé* : entiché, obnubilé. \ **4.** *De lui* : en sa faveur. \ **5.** *Trait* : tour.

ELMIRE

Est-ce qu'au simple aveu d'un amoureux transport
Il faut que notre honneur se gendarme[1] si fort ?
1325 Et ne peut-on répondre à tout ce qui le touche
Que le feu dans les yeux et l'injure à la bouche ?
Pour moi, de tels propos je me ris simplement,
Et l'éclat là-dessus ne me plaît nullement ;
J'aime qu'avec douceur nous nous montrions sages,
1330 Et ne suis point du tout pour ces prudes sauvages
Dont l'honneur est armé de griffes et de dents,
Et veut au moindre mot dévisager[2] les gens :
Me préserve le Ciel d'une telle sagesse !
Je veux une vertu qui ne soit point diablesse,
1335 Et crois que d'un refus la discrète froideur
N'en est pas moins puissante à rebuter un cœur.

ORGON

Enfin je sais l'affaire et ne prends point le change[3].

ELMIRE

J'admire, encore un coup, cette faiblesse étrange.
Mais que me répondrait votre incrédulité
1340 Si je vous faisais voir qu'on vous dit vérité ?

ORGON

Voir ?

ELMIRE

Oui.

---

1. *Se gendarme* : se défende. \ **2.** *Dévisager* : défigurer. \ **3.** *Je {…} ne prends point le change* : je ne me laisse pas abuser (par vos discours).

ORGON

Chansons[1].

ELMIRE

Mais quoi ? si je trouvais manière
De vous le faire voir avec pleine lumière ?

ORGON

Contes en l'air.

ELMIRE

Quel homme ! Au moins répondez-moi.
Je ne vous parle pas de nous ajouter foi ;
1345 Mais supposons ici que, d'un lieu qu'on peut prendre,
On vous fît clairement tout voir et tout entendre,
Que diriez-vous alors de votre homme de bien ?

ORGON

En ce cas, je dirais que… Je ne dirais rien,
Car cela ne se peut.

ELMIRE

L'erreur trop longtemps dure,
1350 Et c'est trop condamner ma bouche d'imposture[2].
Il faut que par plaisir[3], et sans aller plus loin,
De tout ce qu'on vous dit je vous fasse témoin.

ORGON

Soit : je vous prends au mot. Nous verrons votre adresse,
Et comment vous pourrez remplir cette promesse.

---

1. *Chansons* : sornettes, balivernes. \ **2.** *Condamner ma bouche d'imposture* : m'accuser de mensonge. \ **3.** *Par plaisir* : pour voir, pour que vous puissiez vous rendre compte.

ELMIRE, *à Dorine*[1].

1355 Faites-le-moi venir.

DORINE

Son esprit est rusé,
Et peut-être à surprendre il sera malaisé.

ELMIRE

Non ; on est aisément dupé par ce qu'on aime.
Et l'amour-propre engage à se tromper soi-même.
Faites-le-moi descendre.

Parlant à Cléante et à Mariane.

Et vous, retirez-vous.

Scène 4

ELMIRE, ORGON

ELMIRE

1360 Approchons cette table, et vous mettez dessous.

ORGON

Comment ?

ELMIRE

Vous bien cacher est un point nécessaire.

ORGON

Pourquoi sous cette table ?

ELMIRE

Ah, mon Dieu ! laissez faire :

---

1. Cette didascalie n'apparaît que dans certaines éditions.

J'ai mon dessein[1] en tête, et vous en jugerez.

Mettez-vous là, vous dis-je ; et quand vous y serez,

1365 Gardez[2] qu'on ne vous voie et qu'on ne vous entende.

ORGON

Je confesse qu'ici ma complaisance est grande ;

Mais de votre entreprise il vous faut voir sortir.

ELMIRE

Vous n'aurez, que je crois, rien à me repartir[3].

À son mari qui est sous la table.

Au moins, je vais toucher une étrange matière[4] :

1370 Ne vous scandalisez en aucune manière.

Quoi que je puisse dire, il doit m'être permis,

Et c'est pour vous convaincre, ainsi que j'ai promis.

Je vais par des douceurs, puisque j'y suis réduite,

Faire poser le masque à cette âme hypocrite,

1375 Flatter de son amour les désirs effrontés,

Et donner un champ libre à ses témérités.

Comme c'est pour vous seul, et pour mieux le confondre,

Que mon âme à ses vœux va feindre de répondre,

J'aurai lieu de cesser dès que vous vous rendrez,

1380 Et les choses n'iront que jusqu'où vous voudrez.

C'est à vous d'arrêter son ardeur insensée,

Quand vous croirez l'affaire assez avant poussée,

D'épargner votre femme, et de ne m'exposer

Qu'à ce qu'il vous faudra pour vous désabuser :

1385 Ce sont vos intérêts ; vous en serez le maître,

Et... L'on vient. Tenez-vous, et gardez de paraître.

---

1. *Dessein* : projet. \ **2.** *Gardez* : évitez. \ **3.** *Repartir* : répondre. \ **4.** *Matière* : sujet de conversation.

Scène 5

TARTUFFE, ELMIRE, ORGON

TARTUFFE

On m'a dit qu'en ce lieu vous me vouliez parler.

ELMIRE

Oui. L'on a des secrets à vous y révéler.
Mais tirez cette porte avant qu'on vous les dise,
1390 Et regardez partout de crainte de surprise.
Une affaire pareille à celle de tantôt
N'est pas assurément ici ce qu'il nous faut.
Jamais il ne s'est vu de surprise de même[1] ;
Damis m'a fait pour vous une frayeur extrême,
1395 Et vous avez bien vu que j'ai fait mes efforts
Pour rompre son dessein et calmer ses transports.
Mon trouble, il est bien vrai, m'a si fort possédée,
Que de le démentir je n'ai point eu l'idée ;
Mais par-là, grâce au Ciel, tout a bien mieux été,
1400 Et les choses en sont dans plus de sûreté.
L'estime où l'on vous tient a dissipé l'orage,
Et mon mari de vous ne peut prendre d'ombrage[2],
Pour mieux braver l'éclat des mauvais jugements,
Il veut que nous soyons ensemble à tous moments ;
1405 Et c'est par où je puis, sans peur d'être blâmée,
Me trouver ici seule avec vous enfermée,
Et ce qui m'autorise à vous ouvrir un cœur
Un peu trop prompt peut-être à souffrir[3] votre ardeur.

---

1. *De même* : semblable, comparable. \ **2.** *De vous ne peut prendre d'ombrage* : ne peut être jaloux de vous. \ **3.** *Souffrir* : endurer, supporter.

TARTUFFE

Ce langage à comprendre est assez difficile,
1410 Madame, et vous parliez tantôt d'un autre style.

ELMIRE

Ah ! si d'un tel refus vous êtes en courroux,
Que le cœur d'une femme est mal connu de vous !
Et que vous savez peu ce qu'il veut faire entendre
Lorsque si faiblement on le voit se défendre !
1415 Toujours notre pudeur combat dans ces moments
Ce qu'on peut nous donner de tendres sentiments.
Quelque raison qu'on trouve à l'amour qui nous dompte,
On trouve à l'avouer toujours un peu de honte ;
On s'en défend d'abord ; mais de l'air qu'on s'y prend,
1420 On fait connaître assez que notre cœur se rend [1],
Qu'à nos vœux par honneur notre bouche s'oppose,
Et que de tels refus promettent toute chose.
C'est vous faire sans doute un assez libre aveu,
Et sur notre pudeur me ménager bien peu ;
1425 Mais puisque la parole enfin en est lâchée,
À retenir Damis me serais-je attachée,
Aurais-je, je vous prie, avec tant de douceur
Écouté tout au long l'offre de votre cœur,
Aurais-je pris la chose ainsi qu'on m'a vu faire,
1430 Si l'offre de ce cœur n'eût eu de quoi me plaire ?
Et lorsque j'ai voulu moi-même vous forcer
À refuser l'hymen [2] qu'on venait d'annoncer,
Qu'est-ce que cette instance [3] a dû vous faire entendre,
Que [4] l'intérêt qu'en vous on s'avise de prendre,

---

1. *Se rend* : succombe à l'amour. \ **2.** *Hymen* : mariage. \ **3.** *Instance* : prière. \ **4.** *Que* : mis à part.

1435 Et l'ennui qu'on aurait que ce nœud qu'on résout
Vînt partager du moins un cœur que l'on veut tout [1] ?

TARTUFFE

C'est sans doute, Madame, une douceur extrême
Que d'entendre ces mots d'une bouche qu'on aime :
Leur miel dans tous mes sens fait couler à longs traits
1440 Une suavité qu'on ne goûta jamais.
Le bonheur de vous plaire est ma suprême étude,
Et mon cœur de vos vœux fait sa béatitude ;
Mais ce cœur vous demande ici la liberté
D'oser douter un peu de sa félicité.
1445 Je puis croire ces mots un artifice honnête
Pour m'obliger à rompre un hymen qui s'apprête ;
Et s'il faut librement m'expliquer avec vous,
Je ne me fierai point à des propos si doux,
Qu'un peu [2] de vos faveurs, après quoi je soupire,
1450 Ne vienne m'assurer tout ce qu'ils m'ont pu dire,
Et planter dans mon âme une constante foi
Des charmantes bontés que vous avez pour moi.

ELMIRE, *elle tousse pour avertir son mari.*

Quoi ? vous voulez aller avec cette vitesse,
Et d'un cœur tout d'abord épuiser la tendresse ?
1455 On se tue à vous faire un aveu des plus doux ;
Cependant ce n'est pas encore assez pour vous,
Et l'on ne peut aller jusqu'à vous satisfaire,
Qu'aux dernières faveurs on ne pousse l'affaire ?

---

1. *Tout* : tout entier. \ 2. *Qu'un peu* : à moins qu'un peu.

[handwritten: The less one deserves,] TARTUFFE *[handwritten: The less one dares to hope]*

Moins on mérite un bien, moins on l'ose espérer.
1460 Nos vœux sur des discours ont peine à s'assurer. *[handwritten: words are poor assurances of love]*
On soupçonne aisément [1] un sort tout plein de gloire,
Et l'on veut en jouir avant que de le croire.
Pour moi, qui crois si peu mériter vos bontés,
Je doute du bonheur de mes témérités ; *[handwritten: I'll believe nothing until you give me proofs tangible enough to satisfy my passion]*
1465 Et je ne croirai rien, que vous n'ayez, Madame,
Par des réalités su convaincre ma flamme.

ELMIRE

Mon Dieu, que votre amour en vrai tyran agit,
Et qu'en un trouble étrange il me jette l'esprit !
Que sur les cœurs il prend un furieux empire,
1470 Et qu'avec violence il veut ce qu'il désire !
Quoi ? de votre poursuite [2] on ne peut se parer,
Et vous ne donnez pas le temps de respirer ? *[handwritten: How can you be so insolent + merciless?]*
Sied-il [3] bien de tenir une rigueur si grande,
De vouloir sans quartier [4] les choses qu'on demande,
1475 Et d'abuser ainsi par vos efforts pressants
Du faible que pour vous vous voyez qu'ont les gens ?

TARTUFFE

Mais si d'un œil bénin vous voyez mes hommages,
Pourquoi m'en refuser d'assurés témoignages ?

ELMIRE

Mais comment consentir à ce que vous voulez,
1480 Sans offenser le Ciel, dont toujours vous parlez ?

---

1. *On soupçonne aisément* : on a peine à croire. \ **2.** *Poursuite* : élan amoureux. \ **3.** *Sied-il* : convient-il. \ **4.** *Sans quartier* : sans ménagement, sans faire grâce de rien.

TARTUFFE

Si ce n'est que le Ciel qu'à mes vœux on oppose,
Lever un tel obstacle est à moi [1] peu de chose,
Et cela ne doit pas retenir votre cœur.

ELMIRE

Mais des arrêts du Ciel on nous fait tant de peur !

TARTUFFE

1485 Je puis vous dissiper ces craintes ridicules,
Madame, et je sais l'art de lever les scrupules.
Le Ciel défend, de vrai [2], certains contentements ;

C'est un scélérat qui parle.

Mais on trouve avec lui des accommodements ;
Selon divers besoins, il est une science
1490 D'étendre les liens de notre conscience [3]
Et de rectifier le mal de l'action
Avec la pureté de notre intention [4].
De ces secrets, Madame, on saura vous instruire ;
Vous n'avez seulement qu'à vous laisser conduire.
1495 Contentez mon désir, et n'ayez point d'effroi :
Je vous réponds de tout, et prends le mal sur moi.

Elmire tousse plus fort [5].

Vous toussez fort, Madame.

ELMIRE

Oui, je suis au supplice.

---

1. *À moi* : pour moi. \ **2.** *De vrai* : c'est vrai. \ **3.** *Étendre les liens de notre conscience* : relâcher les contraintes imposées par notre conscience, faire taire les scrupules. \ **4.** Allusion à la « direction d'intention », un des principes qui fonde la morale des jésuites. Les actes ne sont jugés qu'à l'aune de l'intention, bonne ou mauvaise, qui a présidé à leur accomplissement (→ REPERES, p. 205). \ **5.** Cette didascalie n'apparaît que dans certaines éditions.

TARTUFFE

Vous plaît-il un morceau de ce jus de réglisse[1] ?

ELMIRE

C'est un rhume obstiné, sans doute ; et je vois bien
1500 Que tous les jus du monde ici ne feront rien.

TARTUFFE

Cela certes est fâcheux.

ELMIRE
Oui, plus qu'on ne peut dire.

TARTUFFE

Enfin votre scrupule est facile à détruire :
Vous êtes assurée ici d'un plein secret,
Et le mal n'est jamais que dans l'éclat qu'on fait ;
1505 Le scandale du monde[2] est ce qui fait l'offense,
Et ce n'est pas pécher que pécher en silence.

ELMIRE, *après avoir encore toussé.*
Enfin je vois qu'il faut se résoudre à céder,
Qu'il faut que je consente à vous tout accorder,
Et qu'à moins de cela je ne dois point prétendre
1510 Qu'on puisse être content, et qu'on veuille se rendre.
Sans doute il est fâcheux d'en venir jusque-là,
Et c'est bien malgré moi que je franchis cela ;
Mais puisque l'on s'obstine à m'y vouloir réduire,
Puisqu'on ne veut point croire à tout ce qu'on peut dire,
1515 Et qu'on veut des témoins qui soient plus convaincants,
Il faut bien s'y résoudre, et contenter les gens.
Si ce consentement porte en soi quelque offense,

---

1. *Jus de réglisse* : bâton de réglisse. \ 2. *Scandale du monde* : le caractère public d'un péché.

Tant pis pour qui me force à cette violence ;
La faute assurément n'en doit pas être à moi.

TARTUFFE

1520 Oui, Madame, on s'en charge ; et la chose de soi…

ELMIRE

Ouvrez un peu la porte, et voyez, je vous prie,
Si mon mari n'est point dans cette galerie[1].

TARTUFFE

Qu'est-il besoin pour lui du soin que vous prenez ?
C'est un homme, entre nous, à mener par le nez ;
1525 De tous nos entretiens il est pour faire gloire[2],
Et je l'ai mis au point de voir tout sans rien croire.

ELMIRE

Il n'importe : sortez, je vous prie, un moment,
Et partout là dehors voyez exactement.

Scène 6

ORGON, ELMIRE

ORGON, *sortant de dessous la table.*

Voilà, je vous l'avoue, un abominable homme !
1530 Je n'en puis revenir, et tout ceci m'assomme.

ELMIRE

Quoi ? vous sortez si tôt ? vous vous moquez des gens.
Rentrez sous le tapis, il n'est pas encor temps ;

---

1. *Galerie* : lieu couvert qui permet le passage ou la promenade, corridor. \ **2.** *Il est pour faire gloire* : il est disposé à faire gloire.

Attendez jusqu'au bout pour voir les choses sûres,
Et ne vous fiez point aux simples conjectures.

ORGON

1535 Non, rien de plus méchant n'est sorti de l'enfer.

ELMIRE

Mon Dieu ! l'on ne doit point croire trop de léger[1].
Laissez-vous bien convaincre avant que de vous rendre,
Et ne vous hâtez point, de peur de vous méprendre.

Elle fait mettre son mari derrière elle.

Scène 7

TARTUFFE, ELMIRE, ORGON

TARTUFFE, *sans voir Orgon*[2].

Tout conspire, Madame, à mon contentement :
1540 J'ai visité de l'œil tout cet appartement ;
Personne ne s'y trouve ; et mon âme ravie…

ORGON, *en l'arrêtant.*

Tout doux ! vous suivez trop votre amoureuse envie,
Et vous ne devez pas vous tant passionner.
Ah ! ah ! l'homme de bien, vous m'en voulez donner[3] !
1545 Comme aux tentations s'abandonne votre âme !
Vous épousiez ma fille, et convoitiez ma femme !
J'ai douté fort longtemps que ce fût tout de bon,
Et je croyais toujours qu'on changerait de ton ;

---

1. *De léger* : à la légère. \ **2.** Cette didascalie n'apparaît que dans certaines éditions. \ **3.** *Vous m'en voulez donner* : vous voulez me tromper.

Mais c'est assez avant pousser le témoignage :
1550 Je m'y tiens, et n'en veux, pour moi, pas davantage.

ELMIRE, *à Tartuffe.*

C'est contre mon humeur que j'ai fait tout ceci :
Mais on m'a mise au point de vous traiter ainsi.

TARTUFFE

Quoi ? vous croyez… ?

ORGON

Allons, point de bruit, je vous prie.
Dénichons de céans[1], et sans cérémonie.

TARTUFFE

1555 Mon dessein[2]…

ORGON

Ces discours ne sont plus de saison :
Il faut, tout sur-le-champ, sortir de la maison.

TARTUFFE

C'est à vous d'en sortir, vous qui parlez en maître :
La maison m'appartient, je le ferai connaître,
Et vous montrerai bien qu'en vain on a recours,
1560 Pour me chercher querelle, à ces lâches détours,
Qu'on n'est pas où l'on pense[3] en me faisant injure,
Que j'ai de quoi confondre et punir l'imposture,
Venger le Ciel qu'on blesse, et faire repentir
Ceux qui parlent ici de me faire sortir.

---

1. *Dénichons de céans* : partez d'ici. \ 2. *Dessein* : intention. \ 3. *Qu'on n'est pas où l'on pense* : qu'on n'est pas dans une position si favorable que celle où l'on prétend être.

Scène 8

ELMIRE, ORGON

ELMIRE

1565 Quel est donc ce langage ? et qu'est-ce qu'il veut dire ?

ORGON

Ma foi, je suis confus, et n'ai pas lieu de rire.

ELMIRE

Comment ?

ORGON

Je vois ma faute aux choses qu'il me dit,
Et la donation m'embarrasse l'esprit.

ELMIRE

La donation…

ORGON

Oui, c'est une affaire faite
1570 Mais j'ai quelque autre chose encor qui m'inquiète.

ELMIRE

Et quoi ?

ORGON

Vous saurez tout. Mais voyons au plus tôt
Si certaine cassette est encore là-haut.

Acte V

Scène première

ORGON, CLÉANTE

CLÉANTE

Où voulez-vous courir ?

ORGON

Las[1] ! que sais-je ?

CLÉANTE

Il me semble
Que l'on doit commencer par consulter[2] ensemble
1575 Les choses qu'on peut faire en cet événement.

ORGON

Cette cassette-là me trouble entièrement ;
Plus que le reste encor elle me désespère.

CLÉANTE

Cette cassette est donc un important mystère ?

ORGON

C'est un dépôt qu'Argas, cet ami que je plains,
1580 Lui-même, en grand secret, m'a mis entre les mains :

___
1. *Las* : hélas. \ **2.** *Consulter* : discuter.

Pour cela, dans sa fuite, il me voulut élire ;
Et ce sont des papiers, à ce qu'il m'a pu dire,
Où sa vie et ses biens se trouvent attachés.

CLÉANTE

Pourquoi donc les avoir en d'autres mains lâchés ?

ORGON

1585 Ce fut par[1] un motif de cas de conscience :
J'allai droit à mon traître en faire confidence ;
Et son raisonnement me vint persuader
De lui donner plutôt la cassette à garder,
Afin que, pour nier, en cas de quelque enquête,
1590 J'eusse d'un faux-fuyant la faveur toute prête,
Par où ma conscience eût pleine sûreté
À faire des serments contre la vérité.

CLÉANTE

Vous voilà mal, au moins si j'en crois l'apparence ;
Et la donation, et cette confidence,
1595 Sont, à vous en parler selon mon sentiment,
Des démarches par vous faites légèrement[2].
On peut vous mener loin avec de pareils gages ;
Et cet homme sur vous ayant ces avantages,
Le pousser[3] est encor grande imprudence à vous,
1600 Et vous deviez[4] chercher quelque biais plus doux.

ORGON

Quoi ? sous un beau semblant de ferveur si touchante
Cacher un cœur si double[5], une âme si méchante !

---

1. *Par* : à cause de. \ **2.** *Légèrement* : avec légèreté, de manière imprudente. \ **3.** *Le pousser* : le pousser à bout. \ **4.** *Deviez* : auriez dû. \ **5.** *Double* : qui fait preuve d'hypocrisie, de duplicité.

Et moi qui l'ai reçu gueusant[1] et n'ayant rien…
C'en est fait, je renonce à tous les gens de bien :
1605 J'en aurai désormais une horreur effroyable,
Et m'en vais devenir pour eux pire qu'un diable.

CLÉANTE

Hé bien ! ne voilà pas de vos emportements !
Vous ne gardez en rien les doux tempéraments ;
Dans la droite raison jamais n'entre la vôtre,
1610 Et toujours d'un excès vous vous jetez dans l'autre.
Vous voyez votre erreur, et vous avez connu[2]
Que par un zèle feint vous étiez prévenu[3] ;
Mais pour vous corriger, quelle raison demande
Que vous alliez passer dans une erreur plus grande,
1615 Et qu'avecque[4] le cœur d'un perfide vaurien
Vous confondiez les cœurs de tous les gens de bien ?
Quoi ? parce qu'un fripon vous dupe avec audace
Sous le pompeux éclat d'une austère grimace,
Vous voulez que partout on soit fait comme lui,
1620 Et qu'aucun vrai dévot ne se trouve aujourd'hui ?
Laissez aux libertins ces sottes conséquences ;
Démêlez la vertu d'avec ses apparences,
Ne hasardez jamais votre estime trop tôt,
Et soyez pour cela dans le milieu qu'il faut :
1625 Gardez-vous, s'il se peut, d'honorer l'imposture,
Mais au vrai zèle aussi n'allez pas faire injure ;
Et s'il vous faut tomber dans une extrémité,
Péchez plutôt encor de cet autre côté.

---

1. *Gueusant* : réduit à la mendicité. \ **2.** *Connu* : reconnu, compris. \ **3.** *Prévenu* : trompé. \ **4.** *Avecque* : ancienne orthographe d'*avec*.

Scène 2

DAMIS, ORGON, CLÉANTE

DAMIS

Quoi ? mon père, est-il vrai qu'un coquin vous menace ?

1630 Qu'il n'est point de bienfait qu'en son âme il n'efface,

Et que son lâche orgueil, trop digne de courroux,

Se fait de vos bontés des armes contre vous ?

ORGON

Oui, mon fils, et j'en sens des douleurs nonpareilles.

DAMIS

Laissez-moi, je lui veux couper les deux oreilles :

1635 Contre son insolence on ne doit point gauchir [1] ;

C'est à moi, tout d'un coup, de vous en affranchir,

Et pour sortir d'affaire, il faut que je l'assomme.

CLÉANTE

Voilà tout justement parler en vrai jeune homme.

Modérez, s'il vous plaît, ces transports éclatants :

1640 Nous vivons sous un règne et sommes dans un temps

Où par la violence on fait mal ses affaires.

---

1. *Gauchir* : faiblir.

Scène 3

Madame Pernelle, Mariane, Elmire, Dorine, Damis, Orgon, Cléante

Madame Pernelle

Qu'est-ce ? J'apprends ici de terribles mystères.

Orgon

Ce sont des nouveautés dont mes yeux sont témoins,
Et vous voyez le prix dont sont payés mes soins.
1645 Je recueille avec zèle un homme en sa misère,
Je le loge, et le tiens comme mon propre frère ;
De bienfaits chaque jour il est par moi chargé ;
Je lui donne ma fille et tout le bien que j'ai ;
Et, dans le même temps, le perfide, l'infâme,
1650 Tente le noir dessein de suborner[1] ma femme,
Et non content encor de ces lâches essais,
Il m'ose menacer de mes propres bienfaits,
Et veut, à ma ruine, user des avantages
Dont le viennent d'armer mes bontés trop peu sages,
1655 Me chasser de mes biens, où je l'ai transféré[2],
Et me réduire au point d'où je l'ai retiré.

Dorine

Le pauvre homme !

Madame Pernelle

Mon fils, je ne puis du tout croire
Qu'il ait voulu commettre une action si noire.

---

1. *Suborner* : séduire. \ **2.** *Où je l'ai transféré* : dont je l'ai fait héritier.

ORGON

Comment ?

MADAME PERNELLE

Les gens de bien sont enviés toujours.

ORGON

1660 Que voulez-vous donc dire avec votre discours,
Ma mère ?

MADAME PERNELLE

Que chez vous on vit d'étrange sorte,
Et qu'on ne sait que trop la haine qu'on lui porte.

ORGON

Qu'a cette haine à faire avec ce qu'on vous dit ?

MADAME PERNELLE

Je vous l'ai dit cent fois quand vous étiez petit :
1665 La vertu dans le monde est toujours poursuivie ;
Les envieux mourront, mais non jamais l'envie.

ORGON

Mais que fait[1] ce discours aux choses d'aujourd'hui ?

MADAME PERNELLE

On vous aura forgé cent sots contes de lui.

ORGON

Je vous ai dit déjà que j'ai vu tout moi-même.

MADAME PERNELLE

1670 Des esprits médisants la malice est extrême.

---

1. *Que fait ce discours* : quel rapport a ce discours.

ORGON

Vous me feriez damner, ma mère. Je vous dis
Que j'ai vu de mes yeux un crime si hardi.

MADAME PERNELLE

Les langues ont toujours du venin à répandre,
Et rien n'est ici-bas qui s'en puisse défendre.

ORGON

1675 C'est tenir un propos de sens bien dépourvu.
Je l'ai vu, dis-je, vu, de mes propres yeux vu,
Ce qu'on appelle vu : faut-il vous le rebattre[1]
Aux oreilles cent fois, et crier comme quatre ?

MADAME PERNELLE

Mon Dieu, le plus souvent l'apparence déçoit[2] :
1680 Il ne faut pas toujours juger sur ce qu'on voit.

ORGON

J'enrage.

MADAME PERNELLE

Aux faux soupçons la nature est sujette,
Et c'est souvent à mal que le bien s'interprète.

ORGON

Je dois interpréter à[3] charitable soin
Le désir d'embrasser ma femme ?

MADAME PERNELLE

Il est besoin,
1685 Pour accuser les gens, d'avoir de justes causes ;
Et vous deviez attendre à vous voir sûr des choses.

---

1. *Rebattre* : répéter. \ 2. *L'apparence déçoit* : l'apparence est trompeuse. \ 3. *À* : comme.

ORGON

Hé, diantre ! le moyen de m'en assurer mieux ?
Je devais donc, ma mère, attendre qu'à mes yeux
Il eût... Vous me feriez dire quelque sottise.

MADAME PERNELLE

1690 Enfin d'un trop pur zèle on voit son âme éprise ;
Et je ne puis du tout me mettre dans l'esprit
Qu'il ait voulu tenter les choses que l'on dit.

ORGON

Allez, je ne sais pas, si vous n'étiez ma mère,
Ce que je vous dirais, tant je suis en colère.

DORINE

1695 Juste retour, Monsieur, des choses d'ici-bas :
Vous ne vouliez point croire, et l'on ne vous croit pas.

CLÉANTE

Nous perdons des moments en bagatelles pures,
Qu'il faudrait employer à prendre des mesures.
Aux menaces du fourbe on doit ne dormir point.

DAMIS

1700 Quoi ? son effronterie irait jusqu'à ce point ?

ELMIRE

Pour moi, je ne crois pas cette instance[1] possible,
Et son ingratitude est ici trop visible.

CLÉANTE

Ne vous y fiez pas : il aura des ressorts[2]
Pour donner contre vous raison à ses efforts ;

---

1. *Instance* : procédure. \ 2. *Ressorts* : machinations.

1705 Et sur moins que cela, le poids d'une cabale[1]
Embarrasse les gens dans un fâcheux dédale[2].
Je vous le dis encor : armé de ce qu'il a,
Vous ne deviez jamais le pousser jusque-là.

ORGON

Il est vrai ; mais qu'y faire ? À[3] l'orgueil de ce traître,
1710 De mes ressentiments je n'ai pas été maître.

CLÉANTE

Je voudrais, de bon cœur, qu'on pût entre vous deux
De quelque ombre de paix raccommoder les nœuds[4].

ELMIRE

Si j'avais su qu'en main il a de telles armes,
Je n'aurais pas donné matière à tant d'alarmes,
1715 Et mes...

ORGON, *à Dorine, voyant entrer M. Loyal*[5].
Que veut cet homme ? Allez tôt le savoir.
Je suis bien en état que l'on me vienne voir !

---

1. *Cabale* : intrigue. \ **2.** *Dédale* : labyrinthe. \ **3.** *À* : devant. \ **4.** *De quelque ombre de paix raccommoder les nœuds* : parvenir à un semblant de paix, obtenir une vague réconciliation. \ **5.** Cette didascalie n'apparaît que dans certaines éditions.

Scène 4

MONSIEUR LOYAL, MADAME PERNELLE,
ORGON, DAMIS, MARIANE, DORINE,
ELMIRE, CLÉANTE

MONSIEUR LOYAL

Bonjour, ma chère sœur[1] ; faites, je vous supplie,
Que je parle à Monsieur.

DORINE

Il est en compagnie,
Et je doute qu'il puisse à présent voir quelqu'un.

MONSIEUR LOYAL

1720 Je ne suis pas pour être en ces lieux importun[2].
Mon abord[3] n'aura rien, je crois, qui lui déplaise ;
Et je viens pour un fait dont il sera bien aise.

DORINE

Votre nom ?

MONSIEUR LOYAL

Dites-lui seulement que je viens
De la part de Monsieur Tartuffe, pour son bien.

DORINE, *à Orgon.*

1725 C'est un homme qui vient, avec douce manière,
De la part de Monsieur Tartuffe, pour affaire
Dont vous serez, dit-il, bien aise.

---

1. *Sœur* : emploi ironique du nom qui renvoie à l'idée de fraternité placée au cœur de la religion chrétienne. \ **2.** *Être en ces lieux importun* : importuner, imposer une présence désagréable. \ **3.** *Mon abord* : ma venue.

CLÉANTE, *à Orgon.*

Il vous faut voir
Ce que c'est que cet homme, et ce qu'il peut vouloir.

ORGON

Pour nous raccommoder il vient ici peut-être :
1730 Quels sentiments aurai-je à lui faire paraître ?

CLÉANTE

Votre ressentiment ne doit point éclater ;
Et s'il parle d'accord, il le faut écouter.

MONSIEUR LOYAL, *à Orgon.*

Salut, Monsieur. Le Ciel perde qui vous veut nuire,
Et vous soit favorable autant que je désire !

ORGON, *bas à Cléante*[1].

1735 Ce doux début s'accorde avec mon jugement,
Et présage déjà quelque accommodement.

MONSIEUR LOYAL

Toute votre maison[2] m'a toujours été chère,
Et j'étais serviteur[3] de Monsieur votre père.

ORGON

Monsieur, j'ai grande honte et demande pardon
1740 D'être sans vous connaître ou savoir votre nom.

MONSIEUR LOYAL

Je m'appelle Loyal, natif de Normandie,
Et suis huissier à verge[4], en dépit de l'envie.

---

1. Ces quatre dernières didascalies n'apparaissent que dans certaines éditions. \ 2. *Maison* : famille. \ 3. *J'étais serviteur* : cette expression ne signale probablement pas que M. Loyal a été le domestique du père d'Orgon. Elle est plutôt une formule de politesse qui signifie que M. Loyal l'a connu et qu'il lui était attaché. \ 4. *Verge* : symbole de la profession d'huissier, baguette avec laquelle l'huissier touchait celui à qui il venait faire connaître une décision de justice.

J'ai depuis quarante ans, grâce au Ciel, le bonheur
D'en exercer la charge avec beaucoup d'honneur ;
1745 Et je vous viens, Monsieur, avec votre licence[1],
Signifier l'exploit de certaine ordonnance[2]…

ORGON

Quoi ? vous êtes ici… ?

MONSIEUR LOYAL

Monsieur, sans passion :
Ce n'est rien seulement qu'une sommation[3],
Un ordre de vuider d'ici[4], vous et les vôtres,
1750 Mettre vos meubles hors[5], et faire place à d'autres,
Sans délai ni remise[6], ainsi que besoin est…

ORGON

Moi, sortir de céans[7] ?

MONSIEUR LOYAL

Oui, Monsieur, s'il vous plaît.
La maison à présent, comme savez de reste,
Au bon Monsieur Tartuffe appartient sans conteste.
1755 De vos biens désormais il est maître et seigneur,
En vertu d'un contrat duquel je suis porteur :
Il est en bonne forme, et l'on n'y peut rien dire.

DAMIS

Certes cette impudence est grande, et je l'admire.

MONSIEUR LOYAL

Monsieur, je ne dois point avoir affaire à vous ;

---

1. *Avec votre licence* : avec votre permission. \ **2.** *Signifier l'exploit de certaine ordonnance* : porter à votre connaissance l'acte de saisie (*exploit*) dressé sur décision du juge (*ordonnance*). \ **3.** *Sommation* : mise en demeure. \ **4.** *Vuider d'ici* : partir d'ici. \ **5.** *Hors* : dehors. \ **6.** *Remise* : délai. \ **7.** *De céans* : d'ici.

1760 C'est à Monsieur : il est et raisonnable et doux,
Et d'un homme de bien il sait trop bien l'office [1],
Pour se vouloir du tout [2] opposer à justice.

ORGON

Mais…

MONSIEUR LOYAL

Oui, Monsieur, je sais que pour un million
Vous ne voudriez pas faire rébellion,
1765 Et que vous souffrirez [3], en honnête personne,
Que j'exécute ici les ordres qu'on me donne.

You'll allow me to carry on my orders as a gentleman shall

DAMIS

Vous pourriez bien ici sur votre noir jupon [4],
Monsieur l'huissier à verge, attirer le bâton.

MONSIEUR LOYAL

Faites que votre fils se taise ou se retire,
1770 Monsieur. J'aurais regret d'être obligé d'écrire,
Et de vous voir couché dans mon procès-verbal.

DORINE, *à part* [5].

Ce Monsieur Loyal porte un air bien déloyal !

MONSIEUR LOYAL

Pour tous les gens de bien j'ai de grandes tendresses,
Et ne me suis voulu, Monsieur, charger des pièces [6]
1775 Que pour vous obliger [7] et vous faire plaisir,
Que pour ôter par-là le moyen d'en choisir

---

1. *Office* : devoir. \ **2.** *Du tout* : d'une quelconque façon. \ **3.** *Souffrirez* : endurerez, supporterez. \ **4.** *Jupon* : grand pourpoint ou petit justaucorps dont les pans descendent sur les hanches. \ **5.** Cette didascalie n'apparaît que dans certaines éditions. \ **6.** *Pièces* : documents qui composent le dossier. \ **7.** *Vous obliger* : vous être agréable, vous rendre service.

Qui, n'ayant pas pour vous le zèle [1] qui me pousse,
Auraient pu procéder d'une façon moins douce.

ORGON

Et que peut-on de pis que d'ordonner aux gens
1780 De sortir de chez eux ?

MONSIEUR LOYAL

On vous donne du temps,
Et jusques à demain je ferai surséance [2]
À l'exécution, Monsieur, de l'ordonnance.
Je viendrai seulement passer ici la nuit,
Avec dix de mes gens, sans scandale et sans bruit.
1785 Pour la forme, il faudra, s'il vous plaît, qu'on m'apporte,
Avant que [3] se coucher, les clefs de votre porte.
J'aurais soin de ne pas troubler votre repos,
Et de ne rien souffrir [4] qui ne soit à propos.
Mais demain, du matin [5], il vous faut être habile
1790 À vuider de céans [6] jusqu'au moindre ustensile :
Mes gens vous aideront, et je les ai pris forts,
Pour vous faire service à tout mettre dehors.
On n'en peut pas user mieux que je fais, je pense ;
Et comme je vous traite avec grande indulgence,
1795 Je vous conjure aussi, Monsieur, d'en user bien,
Et qu'au dû de ma charge [7] on ne me trouble en rien.

ORGON, *à part.*

Du meilleur de mon cœur je donnerais sur l'heure
Les cent plus beaux louis de ce qui me demeure,

---

1. *Zèle* : attention, égard. \ **2.** *Je ferai surséance* : j'accorderai un délai. \ **3.** *Avant que* : avant de. \ **4.** *Souffrir* : supporter. \ **5.** *Du matin* : dès le matin. \ **6.** *Vuider de céans* : emporter d'ici. \ **7.** *Au dû de ma charge* : dans l'exercice de mon métier.

Et pouvoir, à plaisir, sur ce mufle assener
1800 Le plus grand coup de poing qui se puisse donner.

CLÉANTE, *bas à Orgon*[1].

Laissez, ne gâtons rien.

DAMIS

À cette audace étrange,
J'ai peine à me tenir, et la main me démange.

DORINE

Avec un si bon dos, ma foi, Monsieur Loyal,
Quelques coups de bâton ne vous siéraient pas mal.

MONSIEUR LOYAL

1805 On pourrait bien punir ces paroles infâmes,
Mamie[2], et l'on décrète[3] aussi contre les femmes.

CLÉANTE

Finissons tout cela, Monsieur : c'en est assez ;
Donnez tôt ce papier, de grâce, et nous laissez.

MONSIEUR LOYAL

Jusqu'au revoir. Le Ciel vous tienne tous en joie !

ORGON

1810 Puisse-t-il te confondre, et celui qui t'envoie[4] !

---

1. Ces deux dernières didascalies n'apparaissent que dans certaines éditions. \ **2.** *Mamie* : contraction de « mon amie ». \ **3.** *Décrète* : ordonne par un décret. \ **4.** *Te confondre, et celui qui t'envoie* : te démasquer, ainsi que celui qui t'envoie.

Scène 5

ORGON, CLÉANTE, MARIANE, ELMIRE,
MADAME PERNELLE, DORINE, DAMIS

ORGON

Hé bien, vous le voyez, ma mère, si j'ai droit[1],
Et vous pouvez juger du reste par l'exploit[2] :
Ses trahisons enfin vous sont-elle connues ?

MADAME PERNELLE

Je suis tout ébaubie[3], et je tombe des nues !

DORINE

1815 Vous vous plaignez à tort, à tort vous le blâmez,
Et ses pieux desseins[4] par-là sont confirmés :
Dans l'amour du prochain sa vertu se consomme[5] ;
Il sait que très souvent les biens corrompent l'homme,
Et, par charité pure, il veut vous enlever
1820 Tout ce qui vous peut faire obstacle à vous sauver.

ORGON

Taisez-vous : c'est le mot qu'il vous faut toujours dire.

CLÉANTE

Allons voir quel conseil[6] on doit vous faire élire[7].

ELMIRE

Allez faire éclater[8] l'audace de l'ingrat.
Ce procédé détruit la vertu[9] du contrat ;
1825 Et sa déloyauté va paraître trop noire,
Pour souffrir[10] qu'il en ait le succès qu'on veut croire.

---

1. *J'ai droit* : j'ai raison. \ **2.** *Exploit* : acte de saisie. \ **3.** *Ébaubie* : stupéfaite. \ **4.** *Desseins* : projets. \ **5.** *Se consomme* : atteint sa perfection. \ **6.** *Conseil* : résolution. \ **7.** *Élire* : choisir. \ **8.** *Faire éclater* : rendre publique. \ **9.** *Vertu* : validité. \ **10.** *Pour souffrir* : pour qu'on supporte, qu'on tolère.

Scène 6

VALÈRE, ORGON, CLÉANTE, ELMIRE,
MARIANE, *etc.*

VALÈRE

Avec regret, Monsieur, je viens vous affliger ;

Mais je m'y vois contraint par le pressant danger.

Un ami, qui m'est joint d'une amitié fort tendre,

1830 Et qui sait l'intérêt qu'en vous j'ai lieu de prendre,

A violé pour moi, par un pas [1] délicat,

Le secret que l'on doit aux affaires d'État,

Et me vient d'envoyer un avis dont la suite

Vous réduit au parti d'une soudaine fuite.

1835 Le fourbe qui longtemps a pu vous imposer [2]

Depuis une heure au Prince a su vous accuser,

Et remettre en ses mains, dans les traits qu'il vous jette [3],

D'un criminel d'État l'importante cassette,

Dont, au mépris, dit-il, du devoir d'un sujet,

1840 Vous avez conservé le coupable secret.

J'ignore le détail du crime qu'on vous donne [4] ;

Mais un ordre est donné contre votre personne ;

Et lui-même est chargé, pour mieux l'exécuter,

D'accompagner celui qui vous doit arrêter.

CLÉANTE

1845 Voilà ses droits armés ; et c'est par où le traître

De vos biens qu'il prétend [5] cherche à se rendre maître.

---

1. *Pas* : démarche. \ **2.** *Vous imposer* : vous tromper. \ **3.** *Dans les traits qu'il vous jette* : parmi les attaques qu'il mène contre vous. \ **4.** *Donne* : prête. \ **5.** *De vos biens qu'il prétend* : de vos biens qu'il prétend obtenir.

ORGON

L'homme est, je vous l'avoue, un méchant animal !

VALÈRE

Le moindre amusement [1] vous peut être fatal.

J'ai, pour vous emmener, mon carrosse à la porte,

1850 Avec mille louis qu'ici je vous apporte.

Ne perdons point de temps : le trait [2] est foudroyant,

Et ce sont de ces coups que l'on pare en fuyant.

À vous mettre en lieu sûr je m'offre pour conduite,

Et veux accompagner jusqu'au bout votre fuite.

ORGON

1855 Las [3] ! que ne dois-je point à vos soins obligeants !

Pour vous en rendre grâce il faut un autre temps ;

Et je demande au Ciel de m'être assez propice,

Pour reconnaître un jour ce généreux service.

Adieu : prenez le soin, vous autres…

CLÉANTE

Allez tôt :

1860 Nous songerons, mon frère, à faire ce qu'il faut.

Scène dernière

L'EXEMPT [4], TARTUFFE, VALÈRE,
ORGON, ELMIRE, MARIANE, *etc*.

TARTUFFE

Tout beau, Monsieur, tout beau, ne courez point si vite :

---

1. *Amusement* : distraction, perte de temps. \ 2. *Le trait* : l'attaque. \ 3. *Las* : hélas.
\ 4. *Exempt* : officier de police, envoyé directement par le roi.

Vous n'irez pas fort loin pour trouver votre gîte[1],
Et de la part du Prince on vous fait prisonnier.

ORGON

Traître, tu me gardais ce trait[2] pour le dernier ;
1865 C'est le coup, scélérat, par où tu m'expédies[3],
Et voilà couronner toutes tes perfidies.

TARTUFFE

Vos injures n'ont rien à me pouvoir aigrir[4],
Et je suis pour le Ciel appris[5] à tout souffrir[6].

CLÉANTE

La modération est grande, je l'avoue.

DAMIS

1870 Comme du Ciel l'infâme impudemment se joue !

TARTUFFE

Tous vos emportements ne sauraient m'émouvoir,
Et je ne songe à rien qu'à faire mon devoir.

MARIANE

Vous avez de ceci grande gloire à prétendre,
Et cet emploi pour vous est fort honnête à prendre.

TARTUFFE

1875 Un emploi ne saurait être que glorieux,
Quand il part du pouvoir qui m'envoie en ces lieux.

ORGON

Mais t'es-tu souvenu que ma main charitable
Ingrat, t'a retiré d'un état misérable ?

---

1. *Gîte* : demeure, endroit où habiter. \ **2.** *Trait* : attaque. \ **3.** *Tu m'expédies* : tu m'achèves, tu précipites ma mort. \ **4.** *À me pouvoir aigrir* : qui puisse m'aigrir. \ **5.** *Appris* : habitué. \ **6.** *Souffrir* : endurer, supporter.

TARTUFFE

Oui, je sais quels secours j'en ai pu recevoir ;
1880 Mais l'intérêt du Prince est mon premier devoir ;
De ce devoir sacré la juste violence
Étouffe dans mon cœur toute reconnaissance,
Et je sacrifierais à de si puissants nœuds
Ami, femme, parents, et moi-même avec eux.

*that sacred
obligation is so
strong as to
extinguish all
gratitude to you*

ELMIRE

1885 L'imposteur !

DORINE

Comme il sait, de traîtresse manière,
Se faire un beau manteau [1] de tout ce qu'on révère !

CLÉANTE

Mais s'il est si parfait que vous le déclarez,
Ce zèle qui vous pousse et dont vous vous parez,
D'où vient que pour paraître il s'avise d'attendre
1890 Qu'à poursuivre [2] sa femme il ait su vous surprendre,
Et que vous ne songez à l'aller dénoncer
Que lorsque son honneur l'oblige à vous chasser ?
Je ne vous parle point, pour devoir en distraire [3],
Du don de tout son bien qu'il venait de vous faire ;
1895 Mais le voulant traiter en coupable aujourd'hui,
Pourquoi consentiez-vous à rien [4] prendre de lui ?

TARTUFFE, *à l'Exempt.*

Délivrez-moi, Monsieur, de la criaillerie,   *while*
Et daignez accomplir votre ordre, je vous prie.

---

1. *Manteau* : parure, masque. \ **2.** *Poursuivre* : séduire. \ **3.** *En distraire* : détourner de cette accusation. \ **4.** *Rien prendre de lui* : prendre quelque chose de lui.

L'EXEMPT

Oui, c'est trop demeurer[1] sans doute à l'accomplir :
1900 Votre bouche à propos m'invite à le remplir ;
Et pour l'exécuter, suivez-moi tout à l'heure
Dans la prison qu'on doit vous donner pour demeure.

TARTUFFE

Quoi ? moi, Monsieur ?

L'EXEMPT

Oui, vous.

TARTUFFE

Pourquoi donc la prison ?

L'EXEMPT

Ce n'est pas vous à qui j'en veux rendre raison.

À *Orgon*[2].

1905 Remettez-vous, Monsieur, d'une alarme si chaude.
Nous vivons sous un Prince ennemi de la fraude,
Un Prince dont les yeux se font jour[3] dans les cœurs,
Et que ne peut tromper tout l'art des imposteurs.
D'un fin discernement sa grande âme pourvue
1910 Sur les choses toujours jette une droite vue ;
Chez elle jamais rien ne surprend trop d'accès[4],
Et sa ferme raison ne tombe en nul excès.
Il donne aux gens de bien une gloire immortelle ;
Mais sans aveuglement il fait briller ce zèle,
1915 Et l'amour pour les vrais ne ferme point son cœur
À tout ce que les faux doivent donner d'horreur.

---

1. *Demeurer* : tarder. \ **2.** Cette didascalie n'apparaît que dans certaines éditions. \ **3.** *Se font jour* : voient clairement. \ **4.** *Chez elle jamais rien ne surprend trop d'accès* : elle n'est jamais dupe d'aucune illusion.

Celui-ci n'était pas pour le pouvoir surprendre,
Et de pièges plus fins on le voit se défendre.
D'abord il a percé, par ses vives clartés,
1920 Des replis de son cœur toutes les lâchetés.
Venant vous accuser, il s'est trahi lui-même,
Et par un juste trait de l'équité suprême,
S'est découvert au Prince un fourbe renommé,
Dont sous un autre nom il était informé ;
1925 Et c'est un long détail d'actions toutes noires
Dont on pourrait former des volumes d'histoires.
Ce monarque, en un mot, a vers vous détesté
Sa lâche ingratitude et sa déloyauté ;
À ses autres horreurs il a joint cette suite,
1930 Et ne m'a jusqu'ici soumis à sa conduite[1]
Que pour voir l'impudence aller jusques au bout,
Et vous faire par lui faire raison[2] de tout.
Oui, de tous vos papiers, dont il se dit le maître,
Il veut qu'entre vos mains je dépouille le traître.
1935 D'un souverain pouvoir, il brise les liens
Du contrat qui lui fait un don de tous vos biens,
Et vous pardonne enfin cette offense secrète
Où vous a d'un ami fait tomber la retraite ;
Et c'est le prix qu'il donne au zèle qu'autrefois
1940 On vous vit témoigner en appuyant ses droits[3],
Pour montrer que son cœur sait, quand moins on y pense,
D'une bonne action verser la récompense,
Que jamais le mérite avec lui ne perd rien,
Et que mieux que du mal il se souvient du bien.

---

1. *Soumis à sa conduite* : ordonné de le suivre. \ 2. *Faire raison* : rendre raison. \ 3. Allusion au soutien qu'Orgon a accordé au monarque, pendant la Fronde.

DORINE

1945 Que le Ciel soit loué !

MADAME PERNELLE
Maintenant je respire.

ELMIRE

Favorable succès[1] !

MARIANE
Qui l'aurait osé dire ?

ORGON, *à Tartuffe.*

Hé bien ! te voilà, traître…

CLÉANTE
Ah ! mon frère, arrêtez,
Et ne descendez point à des indignités ;
À son mauvais destin laissez un misérable,
1950 Et ne vous joignez point au remords qui l'accable :
Souhaitez bien plutôt que son cœur en ce jour
Au sein de la vertu fasse un heureux retour,
Qu'il corrige sa vie en détestant son vice
Et puisse du grand Prince adoucir la justice,
1955 Tandis qu'à sa bonté vous irez à genoux
Rendre ce que demande un traitement si doux.

ORGON
Oui, c'est bien dit : allons à ses pieds avec joie
Nous louer des bontés que son cœur nous déploie.
Puis, acquittés un peu de ce premier devoir,
1960 Aux justes soins d'un autre il nous faudra pourvoir,
Et par un doux hymen[2] couronner en Valère
La flamme d'un amant généreux et sincère.

---

1. *Succès* : issue. \ **2.** *Hymen* : mariage.

Introduction à la
lettre sur la comédie de l'Imposteur[1]
Défense et illustration
des vertus de la comédie

La *Lettre sur la comédie de l'Imposteur* est un texte anonyme[2], daté du 20 août 1667. Son auteur se livre à une défense de *Panulphe ou l'Imposteur*, deuxième version de l'œuvre de Molière, dont le manuscrit ne nous est pas parvenu. Il commence par raconter le spectacle auquel il a assisté scène après scène, avant de proposer un développement plus abstrait sur les rapports entre théâtre, morale et religion. Il affirme vouloir défendre prudemment la vraie dévotion. Mais il semble soutenir implicitement des conceptions morales et religieuses audacieuses.

---

1. Cette introduction est de Laurence Rauline. \ **2.** Des hypothèses ont été formulées pour l'attribution de ce texte. Donneau de Visé (1638-1710) a été cité, ainsi que François de La Mothe Le Vayer (1588-1672), philosophe sceptique et libertin érudit. Molière a peut-être lui-même participé à l'écriture de cette lettre.

Une simple explication de texte ?

Dans la première partie, l'auteur dit écrire une « relation fidèle de la [pièce], et de ce qui s'en est dit pour et contre par les intelligents » (p. 157, l. 45-47). Il prétend faire un résumé objectif, un simple récit, en s'appuyant sur la mémoire qu'il aurait du spectacle, même si la précision de ses références permet de penser qu'il disposait du manuscrit. Sa lettre est un compte-rendu d'actualité, une description presque sur le vif de son expérience de spectateur.

Par respect pour Molière, pour ne pas prendre le risque de « défigurer ses pensées » (p. 156, l. 20-21), il n'a pas transcrit les citations en vers et il se serait contenté de reproduire « à peu près les mêmes mots » (p. 156, l. 14-15). La poésie, le travail sur la forme, reste le domaine réservé du dramaturge. C'est donc très naturellement et avec souplesse que les citations, en prose, s'intègrent dans son propre discours.

Mais l'auteur ne se contente pas d'une stricte paraphrase. Il glisse régulièrement des commentaires sur les personnages ou sur l'action, afin d'expliciter les intentions de Molière et de justifier ses choix esthétiques. Il fait par exemple l'éloge de l'exposition, qui permet de proposer une galerie de portraits très plaisants. Selon lui, le spectateur ressentirait ainsi « une volupté très sensible d'être informé, dès l'abord, de la nature des personnages par une voie si fidèle et si agréable » (p. 158, l. 26-28). L'auteur défend également la vraisemblance de la scène de dépit amoureux entre Mariane et Valère, qui selon lui, « semble hors de propos à quelques-uns dans cette pièce » (p. 167, l. 274-275), ainsi que celle de la scène fondamentale entre Elmire et Panulphe.

Il fait surtout l'éloge du dénouement, généralement considéré comme artificiel par les adversaires de Molière, en particulier à cause du procédé contesté du *deus ex machina* (→ Piste de lecture, p. 233). Le salut inespéré de la famille est pour le dramaturge une occasion de louer les qualités exceptionnelles du monarque. Molière n'aurait pu terminer par un sujet plus noble.

Prudence et stratégies d'écriture

Défendre la pièce pourrait toutefois se révéler risqué pour l'auteur de la lettre. Le choix de l'anonymat est la mesure essentielle qu'il prend pour éviter toute poursuite contre son œuvre. L'un des exemplaires de la lettre est seulement signé de l'initiale C. Les rares indications que l'auteur nous donne sur lui-même tendent de plus à dresser de lui un portrait irréprochable. Avec humilité, il demande au lecteur d'excuser par avance les insuffisances de son œuvre[1]. Il avoue « qu'il aurait encore besoin de cinq ou six mois pour mettre ce seul discours du ridicule, non pas dans l'état de perfection dont la matière est capable, mais seulement dans celui qu'il est capable de lui donner » (p. 156, l. 37-40). Il prévient toute accusation éventuelle et s'efforce de montrer qu'il a cherché à concilier l'inconciliable : la rigueur intellectuelle et le plaisir qu'il doit au lecteur, en donnant « à son discours l'air le moins contraint, le plus libre et le plus dégagé qu'il a pu » (p. 156, l. 34-35).

Le choix du genre épistolaire permet également à l'auteur de la lettre de motiver son discours et de déresponsabiliser son écriture : il écrit pour répondre à la curiosité de son destinataire, qui n'a pas assisté à la première représentation de la pièce, et pour le consoler de ne pas avoir été présent au spectacle en lui en proposant un modeste substitut. C'est pour lui plaire uniquement qu'il dit accepter de faire « violence à [sa] paresse » (p. 158, l. 6). Le plaisir est d'emblée placé au cœur de la lettre, qui ne saurait ennuyer. Cette stratégie conduit l'auteur à montrer que l'écriture n'est pas le fruit de sa propre initiative. Celle-ci lui aurait été inspirée par son souci d'être agréable à un honnête homme, dont il est sans doute l'ami. Ses analyses semblent ainsi s'inscrire dans un dialogue entre deux hommes cultivés, qui se connaissent et qui apprécient le théâtre.

---

1. Ce lieu commun rhétorique est celui de l'*excusatio propter infirmitatem*. L'écrivain s'excuse des limites de son art d'écrire. C'est souvent un passage obligé au début d'un discours, qui manifeste la modestie de l'auteur.

L'auteur affirme enfin vouloir rester à distance des polémiques les plus graves au sujet de la pièce. Il ne veut pas paraître appartenir à l'entourage proche de Molière, pour ne pas être accusé de parti pris. À son destinataire, il rappelle son souci de prudence : « je ne me mêle point de juger des choses de cette délicatesse : je crains trop de me faire des affaires, comme vous savez » (p. 186, l. 850-852). Il dit s'en remettre, pour l'essentiel, au jugement des « puissances légitimes » (p. 186, l. 857) sur la pièce. Il leur faudrait préciser la nature exacte du danger qu'elle fait courir aux spectateurs.

L'auteur répond néanmoins aux accusations de libertinage qui frappent Molière. Pour lui, *Panulphe* est une comédie irréprochable. Molière s'est bien attaqué à la fausse dévotion, et non à la dévotion elle-même. Il n'est pas non plus légitime de lui reprocher d'avoir parlé de religion sur la scène du théâtre. Il faut profiter au contraire des opportunités qu'offre la comédie pour guider les hommes sur le chemin de la vertu et de la foi.

Une réponse aux arguments moraux et religieux contre la pièce

Un plaidoyer pour la sincérité de la foi de Molière

L'auteur ne semble guère accorder de crédit à ceux qui se font « persécuteurs » (p. 186, l. 848), au nom de la religion. Il considère que Molière n'a laissé aucun doute sur les vices de Panulphe, et rappelle qu'il a pris soin pour cela de différer l'arrivée de son personnage sur scène. Le faux dévot est « un homme très sensuel et fort gourmand » (p. 162, l. 147-148). Le ridicule de Panulphe interdit de prendre sa dévotion au sérieux. L'auteur de la lettre ne peut pas croire « que les véritables dévots fussent capables des affectations que cette pièce reprend dans les hypocrites, et que la vertu n'eût pas un dehors reconnaissable de même que le vice »

(p. 171, l. 403-406). Il suggère que les dévots devraient s'inquiéter de l'éventuelle proximité qu'ils dénoncent dans la pièce entre la vertu et le vice. Si une confusion est possible, comme ils le prétendent, c'est peut-être parce que la vertu qu'ils incarnent est loin d'être irréprochable.

L'auteur montre que Molière a ainsi voulu faire de Panulphe l'incarnation de la fausse dévotion. Le personnage est semblable à la plupart des bigots, dont l'ambition est sans rapport avec la médiocrité. Ces hommes n'hésitent même pas à « violer les droits les plus sacrés et les plus légitimes, tels que ceux des enfants sur le bien des pères » (p. 175, l. 511-512). Panulphe prive en effet le fils de ses droits sur l'héritage de son père. Les bigots ont également le pouvoir de persuader, en s'adressant aux émotions humaines, sur lesquelles ils s'appuient avec un certain cynisme. Pour eux, la fin – l'accès à l'argent et au pouvoir – justifie toujours les moyens. Leur solidarité constitue un danger pour la société. Ils « sont liés ensemble bien plus étroitement que ne le sont les gens de bien » (p. 183, l. 761-762). Ces derniers se révèlent faibles face à la menace que représentent les faux dévots, protégés par un certain nombre de Grands, dont ils reçoivent parfois des bienfaits. L'auteur constate, pour le déplorer, que l'intérêt est un facteur bien plus puissant de solidarité entre les hommes que la morale.

Pour lui, accuser Molière de tourner en ridicule la vraie dévotion, en même temps que la fausse, n'a donc aucun sens. Molière n'est pas un libertin. Le rôle du personnage du frère, l'honnête homme de la pièce, est essentiel pour contrebalancer l'image de la fausse dévotion que propose Panulphe. Ce frère, en donnant les exemples nombreux de gens de vertu, constitue un « contre-poison » (p. 159, l. 45) très efficace, au cas où la critique de la fausse dévotion aurait installé le doute dans l'esprit du spectateur, relativement à la piété. Pour Molière, la vraie dévotion existe. Elle serait même la règle, et l'hypocrisie religieuse resterait l'exception.

Un plaidoyer pour la moralité de la comédie

Le rire que la comédie fait naître, et sur lequel repose son efficacité morale, trouve son origine dans le ridicule que l'auteur définit ainsi : « si le ridicule consiste dans quelque disconvenance, il s'ensuit que tout mensonge, déguisement, fourberie, dissimulation, toute apparence différente du fond, enfin toute contrariété entre actions qui procèdent d'un même principe, est essentiellement ridicule » (p. 198, l. 1230-1234). Le ridicule rend évidente l'hypocrisie, par rapport à laquelle il nous oblige à prendre la distance du rire. Le sentiment du ridicule attaché aux discours séducteurs de Panulphe devrait permettre aux femmes d'être plus prudentes face à leurs galants. Après avoir vu la pièce, elles sont censées comprendre que la galanterie masque toujours la réalité brutale du désir et de la sexualité. À la pièce est ainsi conférée la fonction essentielle de « mettre la fidélité des mariages à l'abri des artifices » (p. 191, l. 1004) et des tentations de la galanterie. Le plaisir que l'on ressent grâce au sentiment du ridicule est cependant moralement contestable. Il naît de notre lucidité, voire de notre mépris, face à une personne dont on voit le comportement déraisonnable. Il est le signe de notre orgueil.

Dans la deuxième partie de sa lettre, l'auteur répond également à ceux qui condamnent la pièce « à cause seulement qu'il y est parlé de la religion, et que le théâtre, disent-ils, n'est pas un lieu où il faille enseigner » (p. 186, l. 862-863). Pour lui, il n'y a aucun fondement, ni historique, ni moral, à exclure de la scène de théâtre le discours sur la religion. C'est au nom d'une conception étroite et erronée de la bienséance que cet interdit peut être prononcé. Le théâtre est certes un espace profane, mais il peut permettre la réflexion sur les questions de religion. Les dramaturges de l'Antiquité l'avaient bien compris : « connaissant de quelle importance il était [d'imprimer la religion] dans l'esprit du peuple, ils ont cru sagement ne pouvoir mieux lui en persuader la vérité que par les spectacles, qui lui sont si agréables » (p. 189, l. 968-971). Ces temps lointains étaient ceux où l'on accordait une fonction sacrée au théâtre. L'auteur de la lettre, qui développe là un lieu commun moral, déplore la corruption de son époque, qui s'est éloignée de la simplicité des origines. Les hommes, dans leurs excès de raffinement, ont rendu le théâtre « aussi profane qu'il devait être sacré » (p. 190, l. 991). Molière est, pour lui, le « génie capable de lui rendre sa première sainteté » (p. 190, l. 993) et d'inverser ainsi la longue décadence qui marque l'histoire.

Pour l'auteur, il n'y a d'ailleurs pas beaucoup de sens à parler de foi dans des lieux où l'auditoire est conquis d'avance, à reléguer les discours sur la raison et sur la vérité « dans les écoles et dans les églises, où leur puissante vertu est presque inutile, parce qu'elles n'y sont cherchées que de ceux qui les aiment et qui les connaissent » (p. 187, l. 883-885). Molière a compris qu'il fallait profiter du succès de ses pièces, pour toucher et instruire un public large et diversifié, qu'un sermon, plus ennuyeux et austère, aurait certainement laissé indifférent. L'auteur de la lettre insiste sur l'inefficacité des discours moralisateurs contre le vice : « les prédicateurs foudroient, les confesseurs exhortent, les pasteurs menacent, les bonnes âmes gémissent, les parents, les maris et les maîtres veillent sans cesse et font des efforts continuels aussi grands qu'inutiles, pour brider l'impétuosité du torrent d'impureté qui ravage la France ; et cependant c'est être ridicule dans le monde que de ne s'y laisser pas entraîner » (p. 200, l. 1292-1297). La rhétorique artificieuse des donneurs de leçon est très faible face au poids des conventions sociales, qui font de la galanterie et de l'immoralité une norme. Les adversaires de Molière, au nom de la bienséance, croient défendre la religion et la morale. En réservant à une élite déjà convaincue l'enseignement religieux, ils en organisent en fait l'affaiblissement, voire la mort.

Molière offrirait donc l'exemple de la capacité du théâtre à corriger les vices des hommes : cet espace profane n'est pas nécessairement un espace sacrilège. Mais de manière discrète et implicite, l'auteur de la lettre développe une conception audacieuse de la morale et de la foi, qui pourrait le rapprocher des milieux intellectuels libertins. Il considère que c'est la raison naturelle qui nous guide vers le bien. En refusant d'accorder au plaisir la place qui lui revient, la religion aurait même pour effet de précipiter les hommes dans le vice. Pour lui, la religion n'est d'ailleurs « que la perfection de la raison, du moins pour la morale » (p. 187, l. 898-899). Elle est essentiellement vue comme une sagesse. Sa dimension spirituelle est passée sous silence. Une telle conception de la religion et de la morale semble pouvoir assez facilement se passer de l'existence de Dieu.

En conclusion, l'auteur nous invite à lire sa lettre comme l'une des scènes de la « grande comédie qui se joue sur la terre entre les hommes » (p. 201, l. 1338-1339). Le rire, dans un siècle où les « mauvais exemples » (p. 201, l. 1335-1336) sont nombreux, est pour lui le seul choix possible. C'est sans illusion et avec toute la distance du sage qu'il regarde son époque. Il s'efforce de dissimuler l'audace de sa prise de position en faveur d'une pièce dont la représentation et la publication sont interdites, mais dont il donne à lire, malgré la censure, de larges passages. Son écriture libertine, qui se révèle sous le masque, est en elle-même un éloge du théâtre, comme espace essentiel de plaisir et de liberté.

LETTRE SUR LA COMÉDIE
DE L'IMPOSTEUR
(M. DC. LXVII[1])

Avis

Cette lettre est composée de deux parties : la première est une relation de la représentation de *L'Imposteur*, et la dernière consiste en deux réflexions sur cette comédie. Pour ce qui est de la relation, on a cru qu'il était à propos d'avertir ici que l'auteur n'a vu la pièce
5 qu'il rapporte que la seule fois qu'elle a été représentée en public[2], et sans aucun dessein[3] d'en rien retenir, ne prévoyant pas l'occasion qui l'a engagé à faire ce petit ouvrage ; ce qu'on ne dit point pour le louer de bonne mémoire, qui est une qualité pour qui il a tout le mépris imaginable, mais bien pour aller au-devant[4] de ceux qui ne
10 seront pas contents de ce qui est inséré des paroles de la comédie dans cette relation, parce qu'ils voudraient voir la pièce entière, et

---

1. La lettre est datée du 20 août 1667. L'auteur n'est pas connu. L'un des exemplaires de la lettre est simplement signé de l'initiale C. La précision de l'analyse de *Panulphe, ou L'Imposteur* (version corrigée de *Tartuffe*, après une première interdiction en 1664) et les nombreuses citations (transcrites en caractères italiques), alors que la pièce n'a été représentée qu'une fois, permettent de penser que cet auteur avait pu se procurer le texte et que Molière n'ignorait pas sa démarche. Cette deuxième version de la pièce étant perdue, tout comme la première, la lettre constitue un témoignage précieux sur ce qu'était le personnage de l'hypocrite, avant 1669, date de la version définitive. \ **2.** L'unique représentation de la pièce date du 5 août 1667. \ **3.** *Dessein* : intention. \ **4.** *Aller au-devant* : répondre par avance.

qui ne seront pas assez raisonnables pour considérer la difficulté qu'il y a eu à en retenir seulement ce qu'on en donne ici.

L'auteur s'est contenté, la plupart du temps, de rapporter à peu
15 près les mêmes mots, et ne se hasarde guère à mettre des vers : il lui était bien aisé, s'il eût voulu, de faire autrement, et de mettre tout en vers ce qu'il rapporte, de quoi quelques gens se seraient peut-être mieux accommodés ; mais il a cru devoir ce respect au poète dont il raconte l'ouvrage, quoiqu'il ne l'ait jamais vu que sur le théâtre, de
20 ne point travailler sur sa matière, et de ne se hasarder pas à défigurer ses pensées, en leur donnant peut-être un tour autre que le sien. Si cette retenue et cette sincérité ne produisent pas un effet fort agréable, on espère du moins qu'elles paraîtront estimables à quelques-uns et excusables à tous.

25 Des deux réflexions qui composent la dernière partie, on n'aurait point vu la plupart de la dernière, et l'auteur n'aurait fait que la proposer sans la prouver, s'il en avait été cru, parce qu'elle lui semble trop spéculative[1] ; mais il n'a pas été le maître : toutefois, comme il se défie extrêmement de la délicatesse des esprits du
30 siècle, qui se rebutent à la moindre apparence de dogme[2], il n'a pu s'empêcher d'avertir dans le lieu même, comme on verra, ceux qui n'aiment pas le raisonnement qu'ils n'ont que faire de passer outre. Ce n'est pas qu'il n'ait fait tout ce que la brièveté du temps et ses occupations de devoir lui ont permis, pour donner à son discours
35 l'air le moins contraint, le plus libre et le plus dégagé qu'il a pu ; mais, comme il n'est point de genre d'écrire plus difficile que celui-là, il avoue de bonne foi qu'il aurait encore besoin de cinq ou six mois pour mettre ce seul discours du ridicule, non pas dans l'état de perfection dont la matière est capable, mais seulement dans celui
40 qu'il est capable de lui donner.

En général, on prie les lecteurs de considérer la circonspection[3] dont l'auteur a usé dans cette matière, et de remarquer que, dans tout

---

1. *Spéculative* : abstraite, se fondant uniquement sur la théorie. \ 2. *Dogme* : vérité absolue et incontestable, doctrine. \ 3. *Circonspection* : prudence.

ce petit ouvrage, il ne se trouvera pas qu'il juge en aucune manière de ce qui est en question sur la comédie qui en est le sujet. Car, pour
45 la première partie, ce n'est, comme on a déjà dit, qu'une relation fidèle de la chose, et de ce qui s'en est dit pour et contre par les intelligents ; et pour les réflexions qui composent l'autre, il n'y parle que sur des suppositions, qu'il n'examine point. Dans la première, il suppose l'innocence de cette pièce quant au particulier de tout
50 ce qu'elle contient, ce qui est le point de la question, et s'attache simplement à combattre une objection générale qu'on a faite sur ce qu'il est parlé de la religion ; et dans la dernière, continuant sur la même supposition, il propose une utilité accidentelle[1] qu'il croit qu'on en peut tirer contre la galanterie et les galants, utilité qui
55 assurément est grande, si elle est véritable, mais qui, quand elle le serait, ne justifierait pas les défauts essentiels que les Puissances[2] ont trouvés dans cette comédie, si tant est qu'ils y soient, ce qu'il n'examine point.

C'est ce qu'on a cru devoir dire par avance, pour la satisfaction
60 des gens sages, et pour prévenir la pensée que le titre de cet ouvrage leur pourrait donner, qu'on manque au respect qui est dû aux Puissances. Mais aussi, après avoir eu cette déférence[3] et ce soin pour le jugement des hommes et leur avoir rendu un témoignage si précis de sa conduite, s'ils n'en jugent pas équitablement, l'auteur a sujet
65 de s'en consoler, puisqu'il ne fait enfin que ce qu'il croit devoir à la justice, à la raison et à la vérité.

---

1. *Accidentelle* : éventuelle, qui n'est pas essentielle. \ **2.** *Les Puissances* : le terme désigne le premier président, Lamoignon, qui vient d'interdire *L'Imposteur* (le 6 août 1667) et l'archevêque de Paris, qui a fait publier dans son diocèse un écrit contre la pièce, le 11 août. \ **3.** *Déférence* : respect.

Monsieur,

Puisque c'est un crime pour moi que d'avoir été à la première représentation de *L'Imposteur*, que vous avez manquée, et que je ne saurais en obtenir le pardon qu'en réparant la perte que vous avez
5 faite et qu'il vous plaît de m'imputer, il faut bien que j'essaie de rentrer dans vos bonnes grâces, et que je fasse violence à ma paresse pour satisfaire votre curiosité.

Imaginez-vous donc de voir d'abord paraître une vieille, qu'à son air et à ses habits on n'aurait garde de prendre pour la mère du
10 maître de la maison, si le respect et l'empressement avec lequel elle est suivie de diverses personnes très propres et de fort bonne mine ne la faisaient connaître. Ses paroles et ses grimaces témoignent également sa colère et l'envie qu'elle a de sortir d'un lieu où elle avoue franchement *qu'elle ne peut plus demeurer, voyant la manière de*
15 *vie qu'on y mène.* C'est ce qu'elle décrit d'une merveilleuse sorte ; et comme son petit-fils ose lui répondre, elle s'emporte contre lui et lui fait son portrait avec les couleurs les plus naturelles et les plus aigres qu'elle peut trouver, et conclut *qu'il y a longtemps qu'elle a dit à son père qu'il ne serait jamais qu'un vaurien.* Autant en fait-elle, pour
20 le même sujet, à sa bru, au frère de sa bru et à sa Suivante ; la passion qui l'anime lui fournissant des paroles, elle réussit si bien dans tous ces caractères si différents, que le spectateur ôtant de chacun d'eux ce qu'elle y met du sien, c'est-à-dire l'austérité ridicule du temps passé, avec laquelle elle juge de l'esprit et de la
25 conduite d'aujourd'hui, connaît tous ces gens-là mieux qu'elle-même, et reçoit une volupté[1] très sensible d'être informé, dès

---

1. *Volupté* : plaisir.

l'abord [1], de la nature des personnages par une voie si fidèle et si agréable.

Sa connaissance n'est pas bornée à ce qu'il voit, et le caractère des 30 absents résulte de celui des présents. On voit fort clairement, par tout le discours de la vieille, qu'elle ne jugerait pas si rigoureusement des déportements [2] de ceux à qui elle parle, s'ils avaient autant de respect, d'estime et d'admiration que son fils et elle pour M. Panulphe ; que toute leur méchanceté consiste *dans le peu de* 35 *vénération qu'ils ont pour ce saint homme, et dans le déplaisir qu'ils témoignent de la déférence et de l'amitié avec laquelle il est traité par le maître de la maison ; que ce n'est pas merveille [3] qu'ils le haïssent comme ils font, censurant leur méchante vie comme il fait, et qu'enfin la vertu est toujours persécutée.*

40 Les autres, se voulant défendre, achèvent le caractère du saint personnage, mais pourtant seulement comme d'un zélé indiscret et ridicule. Et sur ce propos, le frère de la bru commence déjà à faire voir quelle est la véritable dévotion, par rapport à celle de M. Panulphe : de sorte que le venin, s'il y en a à tourner la bigoterie [4] 45 en ridicule, est presque précédé par le contre-poison. Vous remarquerez, s'il vous plaît, que pour achever la peinture de ce bon Monsieur, on lui a donné un valet, duquel, quoiqu'il n'ait point à paraître, on fait le caractère tout semblable au sien, c'est-à-dire, selon Aristote, qu'on dépeint le valet pour faire mieux connaître le 50 maître [5]. La Suivante, sur ce propos, continuant de se plaindre des réprimandes continuelles de l'un et de l'autre, expose, entre autres, le chapitre sur lequel M. Panulphe est plus fort, *c'est à crier contre les visites que reçoit Madame,* et dit sur cela, voulant seulement plaisanter et faire enrager la vieille, et sans qu'il paraisse qu'elle se doute déjà 55 de quelque chose, *qu'il faut assurément qu'il en soit jaloux,* ce qui

---

1. *Dès l'abord* : d'emblée, dès le début de la pièce. \ **2.** *Déportements* : mauvaises conduites. \ **3.** *Ce n'est pas merveille* : ce n'est pas étonnant. \ **4.** *Bigoterie* : dévotion excessive, témoignant d'une forme d'étroitesse d'esprit. \ **5.** Cette pensée serait attribuée par erreur à Aristote, qui n'aurait jamais rien dit de tel.

commence cependant à rendre croyable l'amour brutal et emporté qu'on verra aux actes suivants dans le saint personnage. Vous pouvez croire que la vieille n'écoute pas cette raillerie, qu'elle croit impie, sans s'emporter horriblement contre celle qui la fait ; mais comme
60 elle voit que toutes ses raisons ne persuadent point ces esprits obstinés, elle recourt aux autorités et aux exemples, et leur apprend les étranges jugements que font les voisins de leur manière de vivre ; elle appuie particulièrement sur une voisine, dont elle propose l'exemple à sa bru, comme un modèle de vertu parfaite et enfin *de la*
65 *manière qu'il faudrait qu'elle vécût*, c'est-à-dire à la Panulphe. La Suivante repart [1] aussitôt que *la sagesse de cette voisine a attendu sa vieillesse, et qu'il lui faut bien pardonner si elle est prude, parce qu'elle ne l'est qu'à son corps défendant.* Le frère de la bru continue par un caractère [2] sanglant qu'il fait de l'humeur des gens de cet âge, *qui blâment tout ce qu'ils ne*
70 *peuvent plus faire.* Comme cela touche la vieille de fort près, elle entreprend avec grande chaleur de répondre, sans pourtant témoigner se l'appliquer en aucune façon : ce que nous ne faisons jamais dans ces occasions, pour avoir un champ plus libre à nous défendre, en feignant d'attaquer simplement la thèse proposée, et à évaporer toute
75 notre bile [3] contre qui nous pique de cette manière subtile, sans qu'il paraisse que nous le fassions pour notre intérêt. Pour remettre la vieille de son émotion, le frère continue, sans faire semblant d'apercevoir le désordre où son discours l'a mise ; et pour un exemple de bigoterie qu'elle avait apporté, il en donne six ou sept qu'il
80 propose, soutient et prouve l'être de la véritable vertu (nombre qui excède de beaucoup celui des bigots allégués par la vieille), pour aller au-devant des jugements malicieux ou libertins qui voudraient induire de l'aventure qui fait le sujet de cette pièce qu'il n'y a point ou fort peu de véritables gens de bien, en témoignant par ce dénom-
85 brement que le nombre en est grand en soi, voire très grand, si on le

---

1. *Repart* : répond. \ **2.** *Caractère* : portrait. \ **3.** *Bile* : liquide secrété par le foie, considéré comme responsable de la mélancolie et de la colère.

compare à celui des fieffés bigots[1], qui ne réussiraient pas si bien
dans le monde s'ils étaient en si grande quantité. Enfin la vieille
sort, de colère, et, étant encore dans la chaleur de la dispute,
donne un soufflet[2], sans aucun sujet, à la petite fille sur qui elle
90 s'appuie, qui n'en pouvait mais[3]. Cependant le frère parlant d'elle
et l'appelant *la bonne femme*, donne occasion à la Suivante de mettre
la dernière main à ce ravissant caractère, en lui disant *qu'il n'aurait*
qu'à l'appeler ainsi devant elle : qu'elle lui dirait bien qu'elle le trouve
bon, et qu'elle n'est point d'âge à mériter ce nom. Ensuite ceux qui sont
95 restés parlent d'affaires, et exposent qu'ils sont en peine de faire
achever un mariage qui est arrêté depuis longtemps, d'un fort brave
cavalier avec la fille de la maison, et que pourtant le père de la fille
diffère fort obstinément ; ne sachant quelle peut être la cause de ce
retardement, ils l'attribuent fort naturellement au principe général
100 de toutes les actions de ce pauvre homme coiffé[4] de M. Panulphe,
c'est-à-dire à M. Panulphe même, sans toutefois comprendre pourquoi ni comment il peut en être la cause. Et là on commence à
raffiner le caractère du saint personnage, en montrant, par l'exemple
de cette affaire domestique, comment les dévots ne s'arrêtant pas
105 simplement à ce qui est plus directement de leur métier, qui est de
critiquer et mordre, passent au-delà, sous des prétextes plausibles,
à s'ingérer dans les affaires les plus secrètes et les plus séculières[5]
des familles.

Quoique la dame se trouvât assez mal, elle était descendue avec
110 bien de l'incommodité dans cette salle basse, pour accompagner
sa belle-mère : ce qui commence à former admirablement son
caractère, tel qu'il le faut pour la suite, d'une vraie femme de bien,
qui connaît parfaitement ses véritables devoirs et qui y satisfait
jusqu'au scrupule. Elle se retire avec la fille dont est question,
115 nommée Marianne, et le frère de cette fille nommé Damis, après

---

1. *Fieffés bigots* : parfaits bigots. *Fieffé* renforce l'appellation peu élogieuse de *bigot*. \ **2.** *Souf-*
flet : gifle. \ **3.** *N'en pouvait mais* : ne pouvait pas répondre, était impuissante. \ **4.** *Coiffé* :
entiché, obnubilé. \ **5.** *Séculières* : laïques, mondaines, temporelles.

être tombés d'accord tous ensemble que le frère de la dame pressera son mari pour avoir de lui une dernière réponse sur le mariage.

La Suivante demeure avec ce frère, dont le personnage est tout à fait heureux dans cette occasion, pour faire rapporter avec vraisem-
120 blance et bienséance à un homme qui n'est pas de la maison, quoique intéressé pour sa sœur dans tout ce qui s'y passe, de quelle manière M. Panulphe y est traité. Cette fille le fait admirablement : elle conte comment *il tient le haut de la table aux repas ;* comment *il est servi le premier de tout ce qu'il y a de meilleur ;* comment *le maître de*
125 *la maison et lui ne se traitent que de frères.* Enfin, comme elle est en beau chemin, Monsieur arrive.

Il lui demande d'abord *ce qu'on fait à la maison*, et en reçoit pour réponse que *Madame se porte assez mal ;* à quoi, sans répliquer, il continue : *Et Panulphe ?* La Suivante, contrainte de répondre, lui dit
130 brusquement que *Panulphe se porte bien.* Sur quoi l'autre s'écrie d'un ton mêlé d'admiration et de compassion : *Le pauvre homme !* La Suivante revient d'abord à l'incommodité de sa maîtresse, par trois fois est interrompue de même, répond de même, et revient de même, ce qui est la manière du monde la plus heureuse et la plus naturelle de produire un
135 caractère aussi outré que celui de ce bon Seigneur, qui paraît de cette sorte d'abord dans le plus haut degré de son entêtement : ce qui est nécessaire afin que le changement qui se fera dans lui quand il sera désabusé (qui est proprement le sujet de la pièce) paraisse d'autant plus merveilleux au spectateur.

140 C'est ici que commence le caractère le plus plaisant et le plus étrange des bigots ; car la Suivante ayant dit que *Madame n'a point soupé*, et Monsieur ayant répondu, comme j'ai dit : *Et Panulphe ?* Elle réplique qu'*il a mangé deux perdrix et quelque rôti outre cela*, ensuite qu'*il a fait la nuit toute d'une pièce*, sur ce que *sa maîtresse n'avait point*
145 *dormi*, et qu'enfin, *le matin, avant que de sortir, pour réparer le sang qu'avait perdu Madame, il a bu quatre coups de bon vin pur.* Tout cela, dis-je, le fait connaître premièrement pour un homme très sensuel et fort gourmand, ainsi que le sont la plupart des bigots.

La Suivante s'en va, et les beaux-frères restant seuls, le sage prend
150 occasion sur ce qui vient de se passer de pousser l'autre sur le chapitre
de son Panulphe. Cela semble affecté, non nécessaire et hors de
propos à quelques-uns ; mais d'autres disent que, quoique ces deux
hommes aient à parler ensemble d'autre chose de conséquence[1],
pourtant la constitution de cette pièce est si heureuse, que l'hypocrite
155 étant cause directement ou indirectement de tout ce qui s'y passe,
on ne saurait parler de lui qu'à propos : qu'ainsi ne soit, ayant fait
entendre aux spectateurs, dans la scène précédente, que Panulphe
gouverne absolument l'homme dont est question, il est fort naturel
que son beau-frère prenne une occasion aussi favorable que celle-
160 ci pour lui reprocher l'extravagante estime qu'il a pour ce cagot[2],
qu'on croit être cause de la méchante disposition d'esprit où est
le bonhomme touchant le mariage dont il s'agit, comme je l'ai
déjà dit.

Le bon Seigneur donc, pour se justifier pleinement sur ce chapitre
165 à son beau-frère, se met à lui conter comment *il a pris Panulphe en
amitié*. Il dit que véritablement *il était aussi pauvre des biens temporels que
riche des éternels :* qualité commune presque à tous les bigots, qui, pour
l'ordinaire, ayant peu de moyens et beaucoup d'ambition, sans aucun
des talents nécessaires pour la satisfaire honnêtement, résolus cepen-
170 dant de l'assouvir à quelque prix que ce soit, choisissent la voie de
l'hypocrisie, dont les plus stupides sont capables et par où les plus fins
se laissent duper. Le bonhomme continue qu'*il le voyait à l'église prier
Dieu avec beaucoup d'assiduité et de marques de ferveur ;* que pour peu
qu'on lui donnât, il disait bientôt : *C'est assez ;* et quand il avait plus
175 qu'il ne lui fallait, il l'allait, aussitôt qu'il l'avait reçu, souvent même
devant ceux qui lui avaient donné, distribuer aux pauvres. Tout cela fait un
effet admirable, en ce que croyant parfaitement convaincre son beau-
frère de la beauté de son choix et de la justice de son amitié pour

---

1. *De conséquence* : d'importance. \ 2. *Cagot* : personne qui témoigne d'une dévotion excessive et suspecte d'être hypocrite. Le terme est plus péjoratif encore que celui de *bigot*.

Panulphe, le bonhomme le convainc entièrement de l'hypocrisie du
180 personnage par tout ce qu'il dit : de sorte que ce même discours fait
un effet directement contraire sur ces deux hommes, dont l'un est
aussi charmé par son propre récit de la vertu de Panulphe, que l'autre
demeure persuadé de sa méchanceté : ce qui joue si bien, que vous ne
sauriez l'imaginer.

185 L'histoire du saint homme, étant faite de cette sorte, et par une
bouche très fidèle, puisqu'elle est passionnée, finit son caractère, et
attire nécessairement toute la foi [1] du spectateur. Le beau-frère, plus
pleinement confirmé dans son opinion qu'auparavant, prend occasion sur ce sujet de faire des réflexions très solides sur les différences
190 qui se rencontrent entre la véritable et la fausse vertu, ce qu'il fait
toujours d'une manière nouvelle.

Vous remarquerez, s'il vous plaît, que d'abord l'autre, voulant
exalter son Panulphe, commence à dire que *c'est un homme,* de sorte qu'il
semble qu'il aille faire un long dénombrement de ses bonnes qualités ;
195 et tout cela se réduit pourtant à dire encore une ou deux fois, *mais
un homme, un homme,* et à conclure, un *homme, enfin,* ce qui veut dire
plusieurs choses admirables : l'une, que les bigots n'ont, pour
l'ordinaire, aucune bonne qualité et n'ont pour tout mérite que leur
bigoterie, ce qui paraît en ce que l'homme même qui est infatué [2] de
200 celui-ci ne sait que dire pour le louer ; l'autre est un beau jeu du sens
de ces mots : *C'est un homme,* qui concluent très véritablement que
Panulphe est extrêmement un homme, c'est-à-dire un fourbe, un
méchant, un traître et un animal très pervers, dans le langage de
l'ancienne comédie ; et enfin la merveille qu'on trouve dans l'admiration
205 que notre entêté a pour son bigot, quoiqu'il ne sache que dire pour le
louer, montre parfaitement le pouvoir vraiment étrange de la religion
sur les esprits des hommes, qui ne leur permet pas de faire aucune
réflexion sur les défauts de ceux qu'ils estiment pieux, et qui est plus
grand lui seul que celui de toutes les autres choses ensemble.

---

1. *Foi* : croyance, confiance. \ **2.** *Infatué* : entêté, attaché de manière excessive et ridicule.

210   Le bonhomme, pressé par les raisonnements de son beau-frère, auxquels il n'a rien à répondre, bien qu'il les croie mauvais, lui dit adieu brusquement, et le veut quitter sans autre réponse, ce qui est le procédé naturel des opiniâtres[1] ; l'autre le retient pour lui parler de l'affaire du mariage, sur laquelle il ne lui répond qu'obliquement sans
215 se déclarer, et enfin à la manière des bigots, qui ne disent jamais rien de positif, de peur de s'engager à quelque chose, et qui colorent toujours l'irrésolution qu'ils témoignent de prétextes de religion. Cela dure jusqu'à ce que le beau-frère lui demande *un oui ou un non,* à quoi lui, ne voulant point répondre, le quitte enfin brutalement, comme il
220 avait déjà voulu faire : ce qui fait juger à l'autre que leurs affaires vont mal, et l'oblige d'y aller pourvoir.

    La fille de la maison commence le second acte avec son père. Il lui demande si *elle n'est pas disposée à lui obéir toujours* et à se conformer à ses volontés. Elle répond fort élégamment que oui. Il continue, et lui
225 demande encore *que lui semble de M. Panulphe.* Elle, bien empêchée pourquoi on lui fait cette question, hésite ; enfin, pressée et encouragée de répondre, dit : *Tout ce que vous voudrez.* Le père lui dit qu'elle ne craigne point d'avouer ce qu'elle pense, et qu'elle dise hardiment, ce qu'aussi bien il devine aisément, que *les mérites de M. Panulphe l'ont*
230 *touchée, et qu'enfin elle l'aime.* Ce qui est admirablement dans la nature, que cet homme se soit mis dans l'esprit que sa fille trouve Panulphe aimable pour mari, à cause que lui l'aime pour ami, n'y ayant rien de plus vrai, dans les cas comme celui-ci, que la maxime que nous jugeons des autres par nous-mêmes, parce que nous croyons toujours
235 nos sentiments et nos inclinations fort raisonnables.

    Il continue ; et supposant que ce qu'il s'imagine est une vérité, il dit qu'*il la veut marier avec Panulphe, et qu'il croit qu'elle lui obéira fort volontiers quand il lui commandera de le recevoir pour époux.* Elle, surprise, lui fait redire avec un *hé* de doute et d'incertitude de ce

---

1. *Opiniâtres* : entêtés, obstinés.

240 qu'elle a ouï : à quoi le père réplique par un autre, d'admiration de
ce doute, après qu'il s'est expliqué si clairement. Enfin, s'expliquant
une seconde fois, et elle pensant bonnement, sur ce qu'il a témoigné
croire qu'elle aime Panulphe, que c'est peut-être en suite de cette
croyance qu'il les veut marier ensemble, lui dit avec un empresse-
245 ment fort plaisant *qu'il n'en est rien, qu'il n'est pas vrai qu'elle l'aime.*
De quoi le père se mettant en colère, la Suivante survient, qui dit
son sentiment là-dessus comme on peut penser. Le père s'emporte
assez longtemps contre elle, sans la pouvoir faire taire ; enfin,
comme elle s'en va, il s'en va aussi. Elle revient, et fait une scène
250 toute de reproches et de railleries à la fille, sur la faible résistance
qu'elle fait au beau dessein [1] de son père, et lui dit fort plaisamment
que, *s'il trouve son Panulphe si bien fait* (car le bonhomme avait voulu
lui prouver cela), *il peut l'épouser lui-même, si bon lui semble.* Sur ce
discours, Valère, amant de cette fille, à qui elle est promise, arrive.
255 Il lui demande d'abord *si la nouvelle qu'il a apprise* de ce prétendu
mariage *est véritable.* À quoi, dans la terreur où les menaces de son
père et la surprise où ses nouveaux desseins l'ont jetée, ne répondant
que faiblement et comme en tremblant, Valère continue à lui
demander *ce qu'elle fera.* Interdite en partie de son aventure, en
260 partie irritée du doute où il témoigne en quelque façon être de son
amour, elle lui répond *qu'elle fera ce qu'il lui conseillera.* Il réplique,
encore plus irrité de cette réponse, que, *pour lui, il lui conseille
d'épouser Panulphe.* Elle repart [2], sur le même ton, *qu'elle suivra son
conseil.* Il témoigne s'en peu soucier ; elle encore moins ; enfin ils se
265 querellent et se brouillent si bien ensemble, qu'après mille retours
ingénieux et passionnés, comme ils sont prêts à se quitter, la Suivante qui les regardait faire pour en avoir le divertissement, entreprend de les raccommoder, et fait tant, qu'elle en vient à bout. Ils
concluent, comme elle leur conseille, de ne se point voir pour
270 quelque temps, et faire semblant cependant de fléchir aux volontés

---

1. *Dessein* : projet. \ **2.** *Repart* : répond.

du père. Cela arrêté, Dorine les fait partir chacun de leur côté, avec plus de peine qu'elle n'en avait eu à les retenir, quand ils avaient voulu s'en aller un peu devant.

275 Ce dépit amoureux semble hors de propos à quelques-uns dans cette pièce ; mais d'autres prétendent, au contraire, qu'il représente très naïvement et très moralement la variété surprenante des principes d'agir qui se rencontrent en ce monde dans une même affaire, la fatalité qui fait le plus souvent brouiller les gens ensemble quand il le faut le moins, et la sottise naturelle de l'esprit des hommes, et 280 particulièrement des amants, de penser à tout autre chose dans les extrémités qu'à ce qu'il faut, et, s'arrêter alors à des choses de nulle conséquence dans ces temps-là, au lieu d'agir solidement dans le véritable intérêt de la passion. Cela sert, disent-ils encore, à faire mieux voir l'emportement et l'entêtement du père, qui peut rompre 285 et rendre malheureuse une amitié si belle, née par ses ordres, et l'injustice de la plupart des bienfaits que les dévots reçoivent des grands, qui tournent pour l'ordinaire au préjudice d'un tiers et qui font toujours tort à quelqu'un : ce que les Panulphes pensent être rectifié par la considération seule de leur vertu prétendue, comme si 290 l'iniquité[1] devenait innocente dans leur personne. Outre cela, tout le monde demeure d'accord que ce dépit a cela de particulier et d'original par-dessus ceux qui ont paru jusqu'à présent sur le théâtre, qu'il naît et finit devant les spectateurs dans une même scène, et tout cela aussi vraisemblablement que faisaient tous ceux qu'on avait vus 295 auparavant, où ces colères amoureuses naissent de quelque tromperie faite par un tiers ou par le hasard et la plupart du temps derrière le théâtre ; au lieu qu'ici elles naissent divinement[2] à la vue des spectateurs, de la délicatesse et de la force de la passion même, ce qui mériterait de longs commentaires.

300 Enfin Dorine, demeurée seule, est abordée par sa maîtresse et le frère de sa maîtresse avec Damis ; tous ensemble parlant de ce beau

---

1. *Iniquité* : vice, méchanceté. \ **2.** *Divinement* : admirablement.

mariage, et ne sachant quelle autre voie prendre pour le rompre, se résolvent d'en faire parler à Panulphe même par la Dame, parce qu'ils commencent à croire qu'il ne la hait pas. Et par-là finit l'acte, qui
305 laisse, comme on voit, dans toutes les règles de l'art, une curiosité et une impatience extrême de savoir ce qui arrivera de cette entrevue, comme le premier avait laissé le spectateur en suspens et en doute de la cause pourquoi le mariage de Valère et de Mariane était rompu, qui est expliqué d'abord à l'entrée du second, comme on a vu.

310 Ainsi le troisième commence par le fils de la maison et Dorine, qui attend le bigot au passage pour l'arrêter au nom de sa maîtresse et lui demander de sa part une entrevue secrète. Damis le veut attendre aussi ; mais enfin la Suivante le chasse. À peine l'a-t-il laissée, que Panulphe paraît, criant à son valet : *Laurent, serrez ma*
315 *haire avec ma discipline*[1], et que, si on le demande, *il va aux prisonniers distribuer le superflu de ses deniers.* C'est peut-être une adresse de l'auteur de ne l'avoir pas fait voir plus tôt, mais seulement quand l'action est échauffée ; car un caractère de cette force tomberait, s'il paraissait sans faire d'abord un jeu digne de lui, ce qui ne se pouvait
320 que dans le fort de l'action.

Dorine l'aborde là-dessus ; mais à peine la voit-il, qu'il tire son mouchoir de sa poche et le lui présente, sans la regarder, pour mettre sur son sein, qu'elle a découvert, en lui disant que *les âmes pudiques par cette vue sont blessées,* et que *cela fait venir de coupables*
325 *pensées.* Elle lui répond *qu'il est donc bien fragile à la tentation,* et que *cela sied bien mal avec tant de dévotion ;* que *pour elle*, qui n'est pas dévote de profession, *elle n'est pas de même,* et qu'*elle le verrait tout nu depuis la tête jusqu'aux pieds sans émotion aucune.* Enfin elle fait son message, et il le reçoit avec une joie qui le décontenance et le jette
330 un peu hors de son rôle ; et c'est ici où l'on voit représentée mieux que nulle part ailleurs la force de l'amour, et les grands et beaux jeux

---

1. *Haire* et *discipline* : instruments de mortification. La *haire* est une petite chemise en crin, portée directement sur la peau. La *discipline* est un petit fouet.

que cette passion peut faire par les effets involontaires qu'il produit dans l'âme de toutes la plus concertée.

À peine la Dame paraît, que notre cagot la reçoit avec un empressement qui, bien qu'il ne soit pas fort grand, paraît extraordinaire dans un homme de sa figure. Après qu'ils sont assis, il commence par lui rendre grâces de l'occasion qu'elle lui donne de la voir en particulier. Elle témoigne qu'il y a longtemps qu'elle avait envie aussi de l'entretenir. Il continue par des excuses *des bruits qu'il fait tous les jours pour les visites qu'elle reçoit*, et la prie de ne pas croire *que ce qu'il en fait soit par haine qu'il ait pour elle*. Elle répond qu'elle est persuadée que *c'est le soin de son salut qui l'y oblige*. Il réplique que *ce n'est pas ce motif seul*, mais que *c'est, outre cela, par un zèle particulier* qu'il a pour elle ; et sur ce propos se met à lui conter fleurette en termes de dévotion mystique, d'une manière qui surprend terriblement cette femme, parce que, d'une part, il lui semble étrange que cet homme la cajole, et d'ailleurs il lui prouve si bien, par un raisonnement tiré de l'amour de Dieu, qu'il la doit aimer, qu'elle ne sait comment le blâmer.

Bien des gens prétendent que l'usage de ces termes de dévotion que l'hypocrite emploie dans cette occasion est une profanation blâmable que le poète en fait. D'autres disent qu'on ne peut l'en accuser qu'avec injustice, parce que ce n'est pas lui qui parle, mais l'acteur[1] qu'il introduit : de sorte qu'on ne saurait lui imputer cela, non plus qu'on ne doit pas lui imputer toutes les impertinences qu'avancent les personnages ridicules des comédies ; qu'ainsi il faut voir l'effet que l'usage de ces termes de piété de l'acteur peut faire sur le spectateur, pour juger si cet usage est condamnable. Et pour le faire avec ordre, il faut supposer, disent-ils, que le théâtre est l'école de l'homme, dans laquelle les poètes, qui étaient les théologiens du paganisme[2], ont prétendu purger la volonté des passions

---

1. *Acteur* : personnage (dans ce contexte). \ **2.** *Paganisme* : religion polythéiste des païens, c'est-à-dire de ceux qui n'avaient pas encore été évangélisés par le Christ. Par extension, le paganisme désigne une attitude morale et religieuse contraire aux principes du christianisme.

par la tragédie [1], et guérir l'entendement [2] des opinions erronées par la comédie ; que pour arriver à ce but ils ont cru que le plus sûr moyen était de proposer les exemples des vices qu'ils voulaient détruire, s'imaginant, et avec raison, qu'il était plus à propos, pour
365 rendre les hommes sages, de montrer ce qu'il leur fallait éviter, que ce qu'ils devaient imiter. Ils allèguent des raisons admirables de ce principe, que je passe sous silence, de peur d'être trop long. Ils continuent que c'est ce que les poètes ont pratiqué, en introduisant des personnages passionnés dans la tragédie et des personnages ridi-
370 cules dans la comédie (ils parlent du ridicule dans le sens d'Aristote, d'Horace, de Cicéron, de Quintilien et des autres maîtres, et non pas dans celui du peuple [3]) ; qu'ainsi faisant profession de faire voir de méchantes choses, si l'on n'entre dans leur intention, rien n'est si aisé que de faire leur procès ; qu'il faut donc considérer si ces défauts sont
375 produits d'une manière à en rendre la considération utile aux spec- tateurs, ce qui se réduit presque à savoir s'ils sont produits comme défauts, c'est-à-dire comme méchants et ridicules ; car dès là ils ne peuvent faire qu'un excellent effet. Or c'est ce qui se trouve merveil- leusement dans notre hypocrite en cet endroit ; car l'usage qu'il y fait
380 des termes de piété est si horrible de soi, que quand le poète aurait apporté autant d'art à diminuer cette horreur naturelle qu'il en a apporté à la faire paraître dans toute sa force, il n'aurait pu empêcher que cela ne parût toujours fort odieux : de sorte que, cet obstacle levé, continuent-ils, l'usage de ces termes ne peut être regardé que de
385 deux manières très innocentes et de nulle conséquence dangereuse : l'une comme un voile vénérable et révéré que l'hypocrite met

---

1. Aristote, dans *La Poétique*, développe la théorie de la *catharsis* selon laquelle la tragédie purgerait l'homme de ses passions. On ne sait l'origine de l'idée selon laquelle la comédie guérirait des « opinions erronées ». \ **2.** *Entendement* : raison. \ **3.** *Aristote, Horace, Cicéron* et *Quintilien* : auteurs de différents arts poétiques, dans lesquels ils définissent des règles d'écriture. Le ridicule, dans son sens théâtral, est le fruit d'un choix conscient du drama- turge, qui cherche à faire naître le rire, afin de corriger les mœurs de son public. Dans une acception plus péjorative, le ridicule désigne ce qui suscite involontairement la moquerie, par son caractère extravagant.

au-devant de la chose qu'il dit, pour l'insinuer sans horreur, sous des
termes qui énervent toute la première impression que cette chose
pourrait faire, dans l'esprit, de sa turpitude[1] naturelle ; l'autre est
390 en considérant cet usage comme l'effet de l'habitude que les bigots
ont prise de se servir de la dévotion et de l'employer partout à leur
avantage, afin de paraître agir toujours par elle, habitude qui leur
est très utile, en ce que le peuple que ces gens-là ont en vue, et sur
qui les paroles peuvent tout, se préviendra toujours d'une opinion
395 de sainteté et de vertu[2] pour les gens qu'il verra parler ce langage,
comme si accoutumés aux choses spirituelles, et si peu à celles du
monde, que pour traiter celles-ci ils sont contraints d'emprunter les
termes de celle-là. Et c'est ici, concluent enfin ces Messieurs, où il
faut remarquer l'injustice de la grande objection qu'on a toujours
400 faite contre cette pièce, qui est que décriant les apparences de la
vertu, on rend suspects ceux qui, outre cela, en ont le fond, aussi
bien que ceux qui ne l'ont pas : comme si ces apparences étaient les
mêmes dans les uns que dans les autres, que les véritables dévots
fussent capables des affectations[3] que cette pièce reprend dans les
405 hypocrites, et que la vertu n'eût pas un dehors reconnaissable de
même que le vice.

Voilà comme raisonnent ces gens-là : je vous laisse à juger s'ils ont
tort, et reviens à mon histoire. Les choses étant dans cet état, et
pendant ce dévotieux entretien, notre cagot s'approchant toujours de
410 la Dame, même sans y penser, à ce qu'il semble, à mesure qu'elle
s'éloigne, enfin il lui prend la main, comme par manière de geste et
pour lui faire quelque protestation qui exige d'elle une attention
particulière ; et tenant cette main, il la presse si fort entre les siennes,
qu'elle est contrainte de lui dire : *Que vous me serrez fort !* à quoi il
415 répond soudain, à propos de ce qu'il disait, se recueillant et
s'apercevant de son transport : *C'est par excès de zèle.* Un moment après,

---

1. *Turpitude* : conduite immorale d'une personne. \ **2.** *Se préviendra toujours d'une opinion de
sainteté et de vertu* : aura toujours des préjugés favorables. \ **3.** *Affectations* : manières peu
naturelles.

il s'oublie de nouveau, et promenant sa main sur le genou de la Dame, elle lui dit, confuse de cette liberté, *ce que fait là sa main ?* il répond, aussi surpris que la première fois, qu'*il trouve son étoffe moelleuse* ; et
420 pour rendre plus vraisemblable cette défaite, par un artifice fort naturel il continue de considérer son ajustement, et s'attaque *à son collet, dont le point lui semble admirable ;* il y porte la main encore pour le manier et le considérer de plus près ; mais elle le repousse, plus honteuse que lui. Enfin, enflammé par tous ces petits commence-
425 ments, par la présence d'une femme bien faite, qu'il adore, et qui le traite avec beaucoup de civilité, et par les douceurs attachées à la première découverte d'une passion amoureuse, il lui fait sa déclara-tion dans les termes ci-dessus examinés : à quoi elle répond *que bien qu'un tel aveu ait droit de la surprendre dans un homme aussi dévot que lui...*
430 Il l'interrompt à ces mots en s'écriant avec un transport fort éloquent : *Ah ! pour être dévot, on n'en est pas moins homme !* Et continuant sur ce ton, il lui fait voir, d'autre part, les avantages qu'il y a à être aimée d'un homme comme lui ; que le commun des gens du monde, cava-liers et autres, gardent mal un secret amoureux, et n'ont rien de plus
435 pressé, après avoir reçu une faveur, que de s'en aller vanter ; mais que pour ceux de son espèce, *le soin,* dit-il *que nous avons de notre renommée est un gage assuré pour la personne aimée, et l'on trouve avec nous, sans risquer son honneur, de l'amour sans scandale, et du plaisir sans peur.* De là, après quelques autres discours revenant à son premier sujet, il conclut
440 *qu'elle peut bien juger, considérant son air, qu'enfin tout homme est homme, et qu'un homme est de chair.* Il s'étend admirablement là-dessus, et lui fait si bien sentir son humanité et sa faiblesse pour elle, qu'il ferait presque pitié, s'il n'était interrompu par Damis, qui, sortant d'un cabinet voisin d'où il a tout ouï, et voyant que la Dame, sensible à
445 cette pitié, promettait au cagot de ne rien dire, pourvu qu'il la servît dans l'affaire du mariage de Mariane, dit qu'*il faut que la chose éclate* et qu'elle soit sue dans le monde.

Panulphe paraît surpris, et demeure muet, mais pourtant sans être déconcerté. La Dame prie Damis de ne rien dire ; mais il

450 s'obstine dans son premier dessein [1]. Sur cette contestation, le mari
arrivant, il lui conte tout. La Dame avoue la vérité de ce qu'il dit,
mais en le blâmant de le dire. Son mari les regarde l'un et l'autre
d'un œil de courroux ; et après leur avoir reproché de toutes les
manières les plus aigres qu'il se peut, *la fourbe* [2] *mal conçue qu'ils lui*
455 *veulent jouer*, enfin, venant à l'hypocrite, qui cependant a médité son
rôle, il le trouve qui, bien loin d'entreprendre de se justifier, par un
excellent artifice se condamne et s'accuse lui-même, en général et
sans rien spécifier, de toutes sortes de crimes : qu'il est *le plus grand*
des pécheurs, un méchant, un scélérat ; qu'ils ont raison de le traiter de la
460 *sorte ; qu'il doit être chassé de la maison comme un ingrat et un infâme ;*
qu'il mérite plus que cela ; qu'il n'est qu'un ver, un néant. Quelques gens
jusqu'ici me croient homme de bien ; mais, mon frère, on se trompe : hélas !
je ne vaux rien. Le bonhomme, charmé par cette humilité, s'emporte
contre son fils d'une étrange sorte, l'appelant vingt fois *coquin.*
465 Panulphe, qui le voit en beau chemin, l'anime encore davantage, en
s'allant mettre à genoux devant Damis et lui demandant pardon,
sans dire de quoi. Le père s'y jette aussi d'abord pour le relever, avec
des rages extrêmes contre son fils. Enfin, après plusieurs injures,
il veut l'obliger de se jeter *à genoux* devant M. Panulphe, et *lui*
470 *demander pardon ;* mais Damis refusant de le faire, et aimant mieux
quitter la place, il le chasse, et *le déshéritant, lui donne sa malédiction.*
Après c'est à consoler M. Panulphe, lui faire cent satisfactions pour
les autres, et enfin lui dire qu'*il lui donne sa fille en mariage,* et avec
cela qu'*il veut lui faire une donation de tout son bien ; qu'un gendre*
475 *vertueux comme lui vaut mieux qu'un fils fou* comme le sien. Après avoir
exposé ce beau projet, il vient au bigot de plus près et avec la plus
grande humilité du monde et tremblant d'être refusé, il lui
demande fort respectueusement *s'il n'acceptera pas l'offre qu'il lui*
propose. À quoi le dévot répond fort chrétiennement : *La volonté du*
480 *Ciel soit faite en toutes choses !* Cela étant arrêté de la sorte avec une

---

1. *Dessein* : projet. \ **2.** *La fourbe* : la tromperie.

joie extrême de la part du bonhomme, Panulphe le prie de trouver bon *qu'il ne parle plus à sa femme*, et de ne l'obliger plus à avoir aucun commerce [1] avec elle : à quoi l'autre répond, donnant dans le piège que lui tend l'hypocrite, qu'*il veut, au contraire, qu'ils soient toujours*
485 *ensemble, en dépit de tout le monde.* Là-dessus, ils s'en vont chez le notaire passer le contrat de mariage et la donation.

Au quatrième, le frère de la Dame dit à Panulphe qu'il est bien aise de le rencontrer pour lui dire son sentiment sur tout ce qui se passe, et pour lui demander *s'il ne se croit pas obligé, comme chrétien, de pardonner à*
490 *Damis*, bien loin de le faire déshériter. Panulphe lui répond que, *quant à lui, il lui pardonne de bon cœur, mais que l'intérêt du Ciel ne lui permet pas d'en user autrement.* Pressé d'expliquer cet intérêt, il dit que s'il s'accommodait avec Damis et la Dame, il donnerait sujet de croire qu'il est coupable ; que les gens comme lui doivent avoir plus de soin
495 que cela de leur réputation ; et qu'enfin *on dirait qu'il les aurait recherchés de cette manière pour les obliger au silence.* Le frère, surpris d'un raisonnement si malicieux, insiste à lui demander *si, par un motif tel que celui-là, il croit pouvoir chasser de la maison le légitime héritier, et accepter le don extravagant que son père lui veut faire de son bien.* Le bigot répond à
500 cela que *s'il se rend facile* [2] *à ses pieux desseins, c'est de peur que ce bien ne tombât en de mauvaises mains.* Le frère s'écrie là-dessus, avec un emportement fort naturel, qu'il faut laisser au Ciel à empêcher la prospérité des méchants, et qu'il ne faut point *prendre son intérêt plus qu'il ne fait lui-même.* Il pousse quelque temps fort à propos cette excellente morale, et
505 conclut enfin en disant au cagot par forme de conseil : *Ne serait-il pas mieux qu'en personne discrète vous fissiez de céans* [3] *une honnête retraite ?* Le bigot, qui se sent pressé et piqué trop sensiblement par cet avis, lui dit : *Monsieur, il est trois heures et demie, certain devoir chrétien m'appelle en d'autres lieux*, et le quitte de cette sorte. Cette scène met dans un beau

---

1. *Commerce* : relation. \ 2. *Facile* : facilement. \ 3. *De céans* : d'ici, de la maison où vous vous trouvez.

510 jour un des plus importants et des plus naturels caractères de la bigoterie, qui est de violer les droits les plus sacrés et les plus légitimes, tels
que ceux des enfants sur le bien des pères, par des exceptions qui n'ont
en effet autre fondement que l'intérêt particulier des bigots. La
distinction subtile que le cagot fait du pardon du cœur avec celui de
515 la conduite est aussi une autre marque naturelle de ces gens-là, et un
avant-goût de sa théologie, qu'il expliquera ci-après en bonne occasion. Enfin la manière dont il met fin à la conversation est un bel
exemple de l'irraisonnabilité, pour ainsi dire, de ces bons messieurs,
de qui on ne tire jamais rien en raisonnant, qui n'expliquent point les
520 motifs de leur conduite, de peur de faire tort à leur dignité par cette
espèce de soumission, et qui, par une exacte connaissance de la nature
de leur intérêt, ne veulent jamais agir que par l'autorité seule que leur
donne l'opinion qu'on a de leur vertu.

　　Le frère demeuré seul, sa sœur vient avec Mariane et Dorine.
525 À peine ont-ils parlé quelque temps de leurs affaires communes, que
le mari arrive avec un papier en sa main, disant qu'*il tient de quoi les
faire tous enrager*. C'est, je pense, le contrat de mariage ou la donation.
D'abord Mariane se jette à ses genoux et le harangue [1] si bien, qu'elle
le touche. On voit cela dans la mine du pauvre homme ; et c'est ce
530 qui est un trait admirable de l'entêtement ordinaire aux bigots, pour
montrer comme ils se défont de toutes les inclinations naturelles et
raisonnables. Car celui-ci se sentant attendrir se ravise tout d'un
coup, et se disant à soi-même, croyant faire une chose fort héroïque :
Ferme, ferme, mon cœur, point de faiblesse humaine. Après cette belle
535 résolution, il fait lever sa fille et lui dit que, *si elle cherche à s'humilier
et à se mortifier dans un couvent, d'autant plus elle a d'aversion pour
Panulphe, d'autant plus méritera-t-elle avec lui.* Je ne sais si c'est ici qu'il
dit que Panulphe *est fort gentilhomme* : à quoi Dorine répond : *Il le dit.*
Et sur cela, le frère lui représente excellemment à son ordinaire qu'*il
540 sied mal à ces sortes de gens de se vanter des avantages du monde.* Enfin le

---

1. *Le harangue* : lui tient un discours solennel, pour lui rappeler ses devoirs.

discours retombant fort naturellement sur l'aventure de l'acte précédent et sur l'imposture prétendue de Damis et de la Dame, le mari, croyant les convaincre de la calomnie qu'il leur impute, objecte à sa femme que, *si elle disait vrai* et si effectivement elle venait d'être
545 poussée par Panulphe sur une matière si délicate, *elle aurait été bien autrement émue qu'elle n'était*, et qu'elle était trop tranquille pour n'avoir pas médité de longue main cette pièce : objection admirable dans la nature des bigots, qui n'ont qu'emportement en tout, et qui ne peuvent s'imaginer que personne ait plus de modération qu'eux.
550 La Dame répond excellemment que *ce n'est pas en s'emportant qu'on réprime le mieux les folies de cette espèce, et que souvent un froid refus opère mieux que de dévisager les gens, qu'une honnête femme ne doit faire que rire de ces sortes d'offenses, et qu'on ne saurait mieux les punir qu'en les traitant de ridicules.* Après plusieurs discours de cette nature, tant d'elle que
555 des autres pour montrer la vérité de ce dont ils ont accusé Panulphe, le bonhomme persistant dans son incrédulité, on offre de lui faire voir ce qu'on lui dit. Il se moque longtemps de cette proposition, et s'emporte contre ceux qui la font, en détestant leur impudence. Pourtant à force de lui répéter la même chose et de lui demander
560 *ce qu'il dirait s'il voyait ce qu'il ne peut croire*, ils le contraignent de répondre : *Je dirais, je dirais que… je ne dirais rien, car cela ne se peut :* trait inimitable, ce me semble, pour représenter l'effet de la pensée d'une chose sur un esprit convaincu de l'impossibilité de cette chose. Cependant on fait tant, qu'on l'oblige à vouloir bien essayer ce qui
565 en sera, ne fût-ce que pour avoir le plaisir de confondre les calomniateurs de son Panulphe : c'est à cette fin que le bonhomme s'y résout, après beaucoup de résistance. Le dessein [1] de la Dame, qu'elle expose alors, est, après avoir fait cacher son mari sous la table, de voir Panulphe reprendre l'entretien de leur conversation précédente, et
570 l'obliger à se découvrir tout entier par la facilité qu'elle lui fera paraître. Elle commande à Dorine de le faire venir. Celle-ci voulant

---

1. *Dessein* : projet.

faire faire réflexion à sa maîtresse sur la difficulté de son entreprise, lui dit qu'*il a de grands sujets de défiance extrême ;* mais la Dame répond divinement qu'*on est facilement trompé par ce qu'on aime :* principe
575 qu'elle prouve admirablement, dans la suite, par expérience, et que le poète a jeté exprès en avant pour rendre plus vraisemblable ce qu'on doit voir.

Le mari placé dans sa cachette, et les autres sortis, elle reste seule avec lui et lui tient à peu près ce discours : *Qu'elle va faire un étrange*
580 *personnage et peu ordinaire à une femme de bien ; mais qu'elle y est contrainte, et que ce n'est qu'après avoir tenté en vain tous les autres remèdes ; qu'il va entendre un langage assez dur à souffrir à un mari dans la bouche d'une femme, mais que c'est sa faute ; qu'au reste l'affaire n'ira qu'aussi loin qu'il voudra, et que c'est à lui de l'interrompre où il jugera à propos.* Il se cache,
585 et Panulphe vient. C'est ici où le poète avait à travailler pour venir à bout de son dessein : aussi y a-t-il pensé par avance, et prévoyant cette scène comme devant être son chef-d'œuvre, il a disposé les choses admirablement pour la rendre parfaitement vraisemblable. C'est ce qu'il serait inutile d'expliquer, parce que tout cela paraît très
590 clairement par le discours même de la Dame, qui se sert merveilleusement de tous les avantages de son sujet et de la disposition présente des choses pour faire donner l'hypocrite dans le panneau. Elle commence par dire qu'*il a vu combien elle a prié Damis de se taire, et le dessein où elle était de cacher l'affaire ; que si elle ne l'a pas poussé plus*
595 *fortement, il voit bien qu'elle a dû ne le pas faire par politique*[1] *; qu'il a vu sa surprise à l'abord de son mari, quand Damis a tout conté :* ce qui était vrai, mais c'était pour l'impudence[2] avec laquelle Panulphe avait d'abord soutenu et détourné la chose ; *et comme elle a quitté la place, de douleur de le voir en danger de souffrir une telle confusion ; qu'au reste il peut*
600 *bien juger par quel sentiment elle avait demandé de le voir en particulier, pour le prier si instamment de refuser l'offre qu'on lui fait de Mariane pour l'épouser ; qu'elle ne s'y serait pas tant intéressée et qu'il ne lui serait pas si*

---

1. *Politique* : habileté, intérêt. \ **2.** *Impudence* : attitude éhontée, contraire aux règles de la pudeur.

terrible de le voir entre les bras d'une autre, si quelque chose de plus fort que la raison et l'intérêt de la famille ne s'en était mêlé : qu'une femme fait
605 *beaucoup en effet dans ses premières déclarations que de promettre le secret ; qu'elle reconnaît bien que c'est tout que cela, et qu'on ne saurait s'engager plus fortement.* Panulphe témoigne d'abord quelque doute par des interrogations qui donnent lieu à la Dame de dire toutes ces choses en y répondant. Enfin, insensiblement ému par la présence d'une belle
610 personne qu'il adore, qui effectivement avait reçu avec beaucoup de modération, de retenue et de bonté la déclaration de son amour, qui le cajole à présent et qui la paye de raisons assez plausibles, il commence à s'aveugler, à se rendre, et à croire qu'il se peut faire que c'est tout de bon qu'elle parle et qu'elle ressent ce qu'elle dit.
615 Il conserve pourtant encore quelque jugement, comme il est impossible à un homme fort sensé de passer tout à fait d'une extrémité à l'autre ; et, par un mélange admirable de passion et de défiance, il lui demande, après beaucoup de paroles, des assurances *réelles* et des faveurs pour gages de la vérité de ses paroles. Elle
620 répond en biaisant ; il réplique en pressant ; enfin, après quelques façons, elle témoigne se rendre ; il triomphe, et voyant qu'elle ne lui objecte plus que le péché, il lui découvre le fond de sa morale, et tâche à lui faire comprendre qu'*il hait le péché autant et plus qu'elle ne fait ;* mais que, dans l'affaire dont il s'agit entre eux, *le scandale*
625 *en effet est la plus grande offense, et c'est une vertu de pécher en silence ;* que, quant au fond de la chose, *il est avec le Ciel des accommodements ;* et après une longue déduction des adresses[1] des directeurs[2] modernes, il conclut que *quand on ne se peut sauver par l'action, on se met à couvert par son intention.*
630 La pauvre Dame, qui n'a plus rien à objecter, est bien en peine de ce que son mari ne sort point de sa cachette, après lui avoir fait avec le pied tous les signes qu'elle a pu ; enfin elle s'avise, pour achever de le persuader et pour l'outrer tout à fait, de mettre le cagot sur son

---

1. *Adresses* : habiletés. \ **2.** *Directeurs* : directeurs de conscience.

chapitre. Elle lui dit donc *qu'il voie à la porte s'il n'y a personne qui vienne*
635 *ou qui écoute, et si par hasard son mari ne passerait point*. Il répond, en se
disposant pourtant à lui obéir, que *son mari est un fat, un homme préoccupé*
jusqu'à l'extravagance, et de sorte, *qu'il est dans un état à tout voir sans
rien croire :* excellente adresse du poète, qui a appris d'Aristote qu'il n'est
rien de plus sensible que d'être méprisé par ceux que l'on estime, et
640 qu'ainsi c'était la dernière corde qu'il fallait faire jouer, jugeant bien
que le bonhomme souffrirait plus impatiemment d'être traité de ridicule et de fat par le saint frère, que de lui voir cajoler sa femme jusqu'au
bout, quoique, dans l'apparence première et au jugement des autres,
ce dernier outrage paraisse plus grand.

645   En effet, pendant que le galant va à la porte, le mari sort de
dessous la table, et se trouve droit devant l'hypocrite, quand il
revient à la Dame pour achever l'œuvre si heureusement acheminée.
La surprise de Panulphe est extrême, se trouvant le bonhomme
entre les bras, qui ne peut exprimer que confusément son éton-
650 nement et son admiration. La Dame, conservant toujours le
caractère d'honnêteté qu'elle a fait voir jusqu'ici, paraît honteuse de
la fourbe qu'elle a faite au bigot, et lui en demande quelque sorte
de pardon en s'excusant sur la nécessité. Toutefois le bigot ne se
trouble point, conserve toute sa froideur naturelle, et, ce qui est
655 admirable, ose encore persister après cela à parler comme devant [1].
Et c'est où il faut reconnaître le suprême caractère de cette sorte de
gens, de ne se démentir jamais quoi qui arrive, de soutenir à force
d'impudence toutes les attaques de la fortune, n'avouer jamais avoir
tort, détourner les choses avec le plus d'adresse qu'il se peut, mais
660 toujours avec toute l'assurance imaginable, et tout cela parce que
les hommes jugent des choses plus par les yeux que par la raison,
que peu de gens étant capables de cet excès de fourberie, la plupart
ne peuvent le croire, et qu'enfin on ne saurait dire combien les
paroles peuvent sur les esprits des hommes.

---

1. *Devant* : avant.

665   Panulphe persiste donc dans sa manière accoutumée ; et pour
commencer à se justifier près de *son frère* (car il ose encore le nommer
de la sorte), dit quelque chose du *dessein qu'il pouvait avoir* dans ce qui
vient d'arriver ; et sans doute il allait forger quelque excellente
imposture, lorsque le mari, sans lui donner loisir de s'expliquer,
670 épouvanté de son effronterie, *le chasse de sa maison et lui commande d'en
sortir.* Comme Panulphe voit que ses charmes ordinaires ont perdu
leur vertu, sachant bien que, quand une fois on est revenu de ces
entêtements extrêmes, on n'y retombe jamais, et pour cela même
voyant bien qu'il n'y a plus d'espérance pour lui, il change de
675 batterie ; et sans pourtant sortir de son personnage naturel de dévot,
dont il voit bien dès là qu'il aura extrêmement besoin dans la grande
affaire qu'il va entreprendre, mais seulement comme justement irrité
de l'outrage qu'on fait à son innocence, il répond à ces menaces par
d'autres plus fortes, et dit que *c'est à eux à vuider* [1] *la maison dont il est*
680 *le maître* en vertu de la donation dont il a été parlé ; et les quittant
là-dessus, les laisse dans le plus grand de tous les étonnements, qui
augmente encore lorsque le bonhomme se souvient d'une certaine
cassette, dont il témoigne d'abord être en extrême peine, sans dire
ce que c'est, étant trop pressé d'aller voir si elle est encore dans un
685 lieu qu'il dit : il y court, et sa femme le suit.

    Le cinquième acte commence par le mari et le frère. Le premier,
étourdi de n'avoir point trouvé cette cassette, dit qu'elle est de grande
conséquence, et que *la vie, l'honneur et la fortune de ses meilleurs amis et
peut-être la sienne propre dépendent des papiers qui sont dedans.* Interrogé
690 pourquoi il l'avait confiée à Panulphe, il répond que c'est encore *par
principe de conscience ; que* Panulphe lui fit entendre que, *si on venait à lui
demander ces papiers, comme tout se sait, il serait contraint de nier de les avoir
pour ne pas trahir ses amis ; que pour éviter ce mensonge, il n'avait qu'à les
remettre dans ses mains, où ils seraient autant dans sa disposition qu'auparavant,*

---

1. *Vuider* : quitter.

695 *après quoi il pouvait sans scrupule nier hardiment de les avoir.* Enfin le bonhomme explique merveilleusement à son beau-frère, par l'exemple de cette affaire, de quelle manière les bigots savent intéresser la conscience dans tout ce qu'ils font et ne font pas, et étendre leur empire par cette voie jusqu'aux choses les plus importantes et les plus éloignées

700 de leur profession.

Le frère fait, dans ces perplexités, le personnage d'un véritable honnête homme, qui songe à réparer le mal arrivé, et ne s'amuse point à le reprocher à ceux qui l'ont causé, comme font la plupart des gens, surtout quand par hasard ils ont prévu ce qu'ils voient. Il

705 examine mûrement les choses, et conclut, à la désolation commune, que *le fourbe étant armé de toutes ces différentes pièces régulièrement, peut les* [1] *perdre de toute manière,* et que c'est une affaire sans ressource [2]. Sur cela le mari s'emporte pitoyablement, et conclut, par un raisonnement ordinaire aux gens de sa sorte, *qu'il ne se fiera jamais en homme de bien* [3] :

710 ce que son beau-frère relève excellemment, en lui remontrant *sa mauvaise disposition d'esprit, qui lui fait juger de tout avec excès, et l'empêche de s'arrêter jamais dans le juste milieu, dans lequel seul se trouve la justice, la raison et la vérité ; que de même que l'estime et la considération qu'on doit avoir pour les véritables gens de bien ne doit point passer jusqu'aux méchants*

715 *qui savent se couvrir de quelque apparence de vertu, ainsi l'horreur qu'on doit avoir pour les méchants et pour les hypocrites ne doit point faire de tort aux véritables gens de bien, mais, au contraire, doit augmenter la vénération qui leur est due, quand on les connaît parfaitement.* Là-dessus, la vieille arrive, et tous les autres. Elle demande d'abord *quel bruit c'est qui court d'eux*

720 *par le monde ?* Son fils répond que c'est que M. *Panulphe le veut chasser de chez lui, et le dépouiller de tout son bien, parce qu'il l'a surpris caressant sa femme.* La Suivante, sur cela, qui n'est pas si honnête que le frère, ne peut s'empêcher de s'écrier : *Le pauvre homme !* comme le mari faisait au premier acte touchant le même Panulphe. La vieille, encore

---

1. *Les* : le maître de maison et sa famille. \ **2.** *Sans ressource* : désespérée. \ **3.** *En homme de bien* : à un homme de bien.

725 entêtée du saint personnage, n'en veut rien croire, et sur cela enfile
un long lieu commun *de la médisance et des méchantes langues*. Son fils
lui dit qu'*il l'a vu*, et que ce n'est pas un ouï-dire. La vieille qui ne
l'écoute pas, et qui est charmée de la beauté de son lieu commun,
ravie d'avoir une occasion illustre comme celle-là de le pousser bien
730 loin, continue sa légende, et cela tout par les manières ordinaires aux
gens de cet âge, des proverbes, des apophtegmes[1], des dictons du
vieux temps, des exemples de sa jeunesse, et des citations de gens
qu'elle a connus. Son fils a beau se tuer de lui répéter qu'*il l'a vu ;*
elle, qui ne pense point à ce qu'il lui dit, mais seulement à ce qu'elle
735 veut dire, ne s'écarte point de son premier chemin : sur quoi la Suivante encore malicieusement, comme il convient à ce personnage,
mais pourtant fort moralement, dit au mari *qu'il est puni selon ses*
mérites, et que, comme il n'a point voulu croire longtemps ce qu'on lui disait,
on ne veut point le croire lui-même à présent sur le même sujet. Enfin la
740 vieille, forcée de prêter l'oreille, pour un moment, répond en
s'opiniâtrant que *quelquefois il faut tout voir pour bien juger, que*
l'intention est cachée, que la passion préoccupe, et fait paraître les choses autre-
ment qu'elles ne sont, et qu'enfin il ne faut pas toujours croire tout ce qu'on
voit, qu'ainsi il fallait s'assurer mieux de la chose avant que de faire éclat :
745 sur quoi son fils, s'emportant, lui repart brusquement qu'*elle voudrait*
donc qu'il eût attendu pour éclater que Panulphe eût… Vous me feriez dire
quelque sottise : manière admirablement naturelle de faire entendre
avec bienséance une chose aussi délicate que celle-là.

Le pauvre homme serait encore à présent, que je crois, à persuader
750 sa mère de la vérité de ce qu'il lui dit, et elle à le faire enrager, si
quelqu'un n'heurtait à la porte. C'est un homme qui, à la manière
obligeante, honnête, caressante et civile dont il aborde la
compagnie, soi-disant venir[2] de la part de M. Panulphe, semble
être là pour demander pardon et accommoder toutes choses avec
755 douceur, bien loin d'y être pour sommer toute la famille, dans la

---

1. *Apophtegmes* : maximes, adages. \ 2. *Soi-disant venir* : prétendant venir.

personne du chef, de vuider[1] la maison au plus tôt ; car enfin, comme il se déclare lui-même, *il s'appelle Loyal, et depuis trente ans il est sergent à verge*[2] *en dépit de l'envie,* mais tout cela, comme j'ai dit, avec le plus grand respect et la plus tendre amitié du monde. Ce

760 personnage est un supplément admirable du caractère bigot, et fait voir comme il en est de toutes professions, et qui[3] sont liés ensemble bien plus étroitement que ne le sont les gens de bien, parce qu'étant plus intéressés, ils considèrent davantage et connaissent mieux combien ils se peuvent être utiles les uns aux autres dans les occa-

765 sions, ce qui est l'âme de la cabale[4]. Cela se voit bien clairement dans cette scène ; car cet homme qui a tout l'air de ce qu'il est, c'est-à-dire du plus raffiné fourbe de sa profession, ce qui n'est pas peu de chose, cet homme, dis-je, y fait l'acte du monde le plus sanglant avec toutes les façons qu'un homme de bien pourrait faire le plus

770 obligeant ; et cette détestable manière sert encore au but des Panul-phes[5], pour ne se faire point d'affaires[6] nouvelles, et au contraire mettre les autres dans le tort par cette conduite, si honnête en apparence, et si barbare en effet. Ce caractère est si beau, que je ne saurais en sortir. Aussi le poète, pour le faire jouer plus longtemps,

775 a employé toutes les adresses de son art ; il fait lui dire[7] plusieurs choses d'un ton et d'une force différente par les diverses personnes qui composent la compagnie pour le faire répondre à toutes selon son but ; même pour le faire davantage parler, il le fait proposer et offrir une espèce de grâce, qui est un délai d'exécution, mais accom-

780 pagné de circonstances plus choquantes que ne serait un ordre absolu. Enfin il sort, et à peine la vieille s'est-elle écriée : *Je ne sais plus que dire et suis toute ébaubie*[8], et les autres ont-ils fait réflexion sur leur aventure, que Valère, l'amant de Mariane, entre et donne avis

---

1. *Vuider* : quitter. \ **2.** *Sergent à verge* : sergent disposant d'une baguette avec laquelle il touchait ceux qui étaient l'objet d'une décision de justice, avant de la leur faire connaî-tre. \ **3.** Le pronom relatif *qui* renvoie à *en* : « il est des bigots de toutes professions, et qui sont liés ensemble ». \ **4.** *Cabale* : parti dévot. \ **5.** *Des Panulphes* : des tartuffes, des hypo-crites. \ **6.** *Affaires* : mauvaises affaires, délits. \ **7.** *Fait lui dire* : lui fait dire. \ **8.** *Ébaubie* : stupéfaite.

au mari, que *Panulphe, par le moyen des papiers qu'il a entre les mains,*
785 *l'a fait passer pour criminel d'État près du Prince, qu'il sait cette nouvelle*
par l'officier même qui a ordre de l'arrêter, lequel a bien voulu lui rendre ce
service que de l'en avertir ; que son carrosse est à la porte, avec mille louis,
pour prendre la fuite.

Sans autre délibération, on oblige le mari à le suivre ; mais,
790 comme ils sortent, ils rencontrent Panulphe avec l'officier, qui les
arrêtent. Chacun éclate contre l'hypocrite en reproches de diverses
manières : à quoi, étant pressé, il répond que *la fidélité qu'il doit au*
Prince est plus forte sur lui que toute autre considération. Mais le frère de
la Dame répliquant à cela, et lui demandant *pourquoi, si son beau-frère*
795 *est criminel, il a attendu pour le déférer* [1]*, qu'il l'eût surpris voulant*
corrompre la fidélité de sa femme, cette attaque le mettant hors de
défense, il prie l'officier *de le délivrer de toutes ces criailleries, et de faire*
sa charge, ce que l'autre lui accorde, mais *en le faisant prisonnier lui-*
même : de quoi tout le monde étant surpris, l'officier rend raison, et
800 cette raison est le dénouement. Avant que je vous le déclare,
permettez-moi de vous faire remarquer que l'esprit de tout cet acte
et son seul effet et but jusqu'ici n'a été que de représenter les affaires
de cette pauvre famille dans la dernière désolation, par la violence
et l'impudence de l'imposteur, jusque-là qu'il paraît que c'est une
805 affaire sans ressource dans les formes, de sorte qu'à moins de
quelque Dieu qui y mette la main, c'est-à-dire de la machine [2],
comme parle Aristote, tout est déploré.

L'officier déclare donc que *le Prince, ayant pénétré dans le cœur du*
fourbe par une lumière toute particulière aux souverains par-dessus les autres
810 *hommes, et s'étant informé de toutes choses sur sa délation, avait découvert*
l'imposture, et reconnu que cet homme était le même dont, sous un autre nom, il
avait déjà ouï parler et savait une longue histoire toute tissue des plus étranges
friponneries et des plus noires aventures dont il ait jamais été parlé ; que nous
vivons sous un règne où rien ne peut échapper à la lumière du Prince, où la

---

1. *Déférer* : accuser, présenter devant la justice. \ **2.** Allusion à la notion de *deus ex machina*,
évoquée dans la *Poétique* d'Aristote.

815 *calomnie est confondue par sa seule présence, et où l'hypocrisie est autant en*
horreur dans son esprit qu'elle est accréditée parmi ses sujets ; que cela étant, il
a, d'autorité absolue, annulé tous les actes favorables à l'imposteur, et fera
rendre tout ce dont il était saisi ; et qu'enfin c'est ainsi qu'il reconnaît les services
que le bonhomme a rendus autrefois à l'État dans les années, pour montrer que
820 *rien n'est perdu près de lui, et que son équité, lorsque moins on y pense, des bonnes*
actions donne la récompense. Il me semble que si, dans tout le reste de la
pièce, l'auteur a égalé tous les anciens et surpassé tous les modernes,
on peut dire que dans ce dénouement il s'est surpassé lui-même, n'y
ayant rien de plus grand, de plus magnifique et de plus merveilleux,
825 et cependant rien de plus naturel, de plus heureux et de plus juste,
puisqu'on peut dire que s'il était permis d'oser faire le caractère de
l'âme de notre grand monarque, ce serait sans doute dans cette pléni-
tude de lumière, cette prodigieuse pénétration d'esprit, et ce discernement merveilleux de toutes choses qu'on le ferait consister : tant il est
830 vrai, s'écrient ici ces Messieurs dont j'ai pris à tâche de vous rapporter
les sentiments, tant il est vrai, disent-ils, que le Prince est digne du
poète, comme le poète est digne du Prince.

    Achevons notre pièce en deux mots, et voyons comme les caractères
y sont produits dans toutes leurs faces. Le mari voyant toutes choses
835 changées, suivant le naturel des âmes faibles insulte au misérable
Panulphe ; mais son beau-frère le reprend fortement, *en souhaitant, au*
contraire, à ce malheureux qu'il fasse un bon usage de ce revers de fortune, et
qu'au lieu des punitions qu'il mérite, il reçoive du Ciel la grâce d'une véritable
pénitence, qu'il n'a pas méritée : conclusion, à ce que disent ceux que les
840 bigots font passer pour athées, digne d'un ouvrage si saint, qui n'étant
qu'une instruction très chrétienne de la véritable dévotion, ne devait
pas finir autrement que par l'exemple le plus parfait qu'on ait peut-
être jamais proposé, de la plus sublime de toutes les vertus évangé-
liques, qui est le pardon des ennemis.

845   Voilà, Monsieur, quelle est la pièce qu'on a défendue. Il se peut
faire qu'on ne voit pas le venin parmi les fleurs, et que les yeux des

puissances sont plus épurés que ceux du vulgaire[1]. Si cela est, il semble qu'il est encore de la charité des religieux persécuteurs du misérable Panulphe de faire discerner le poison que les autres
850 avalent faute de le connaître. À cela près, je ne me mêle point de juger des choses de cette délicatesse : je crains trop de me faire des affaires, comme vous savez ; c'est pourquoi je me contenterai de vous communiquer deux réflexions qui me sont venues dans l'esprit, qui ont peut-être été faites par peu de gens, et qui, ne touchant
855 point le fond de la question, peuvent être proposées sans manquer au respect que tous les gens de bien doivent avoir pour les jugements des puissances légitimes.

La première est sur l'étrange disposition d'esprit, touchant cette comédie, de certaines gens qui, supposant ou croyant de bonne foi
860 qu'il ne s'y fait ni dit rien qui puisse en particulier faire aucun méchant effet (ce qui est le point de la question), la condamnent toutefois en général, à cause seulement qu'il y est parlé de la religion, et que le théâtre, disent-ils, n'est pas un lieu où il la faille enseigner. Il faut être bien enragé contre Molière pour tomber dans un égarement si visible ;
865 et il n'est point de si chétif[2] lieu commun où l'ardeur de critiquer et de mordre ne se puisse retrancher, après avoir osé faire son fort[3] d'une si misérable et si ridicule défense. Quoi ? si on produit la Vérité avec toute la dignité qui doit l'accompagner partout, si on a prévu et évité jusqu'aux effets les moins fâcheux qui pouvaient arriver, même par
870 accident, de la peinture du vice, si on a pris, contre la corruption des esprits du siècle toutes les précautions qu'une connaissance parfaite de la saine antiquité, une vénération solide pour la religion, une méditation profonde de la nature de l'âme, une expérience de plusieurs années, et qu'un travail effroyable[4] ont pu fournir, il se trouvera, après
875 cela, des gens capables d'un contresens si horrible que de proscrire un ouvrage qui est le résultat de tant d'excellents préparatifs, par cette

---

1. *Ceux du vulgaire* : ceux des hommes du commun. \ **2.** *Chétif* : faible, peu convaincant. \ **3.** *Fort* : argument déterminant. \ **4.** *Effroyable* : exceptionnel, extraordinaire.

seule raison qu'il est nouveau de voir exposer la religion dans une salle de comédie, pour bien, pour dignement, pour discrètement, nécessairement et utilement qu'on le fasse ! Je ne feins pas de vous avouer
880 que ce sentiment me paraît un des plus considérables effets de la corruption du siècle où nous vivons : c'est par ce principe de fausse bienséance qu'on relègue la raison et la vérité dans des pays barbares et peu fréquentés, qu'on les borne dans les écoles et dans les églises, où leur puissante vertu est presque inutile, parce qu'elles n'y sont cher-
885 chées que de ceux qui les aiment et qui les connaissent, et que, comme si on se défiait de leur force et de leur autorité, on n'ose les commettre où elles peuvent rencontrer leurs ennemis. C'est pourtant là qu'elles doivent paraître, c'est dans les lieux les plus profanes, dans les places publiques, les tribunaux, les palais des grands seulement que se trouve
890 la matière de leur triomphe ; et comme elles ne sont, à proprement parler, vérité et raison que quand elles convainquent les esprits, et qu'elles en chassent les ténèbres de l'erreur et de l'ignorance par leur lumière toute divine, on peut dire que leur essence consiste dans leur action, que ces lieux où leur opération est le plus nécessaire, sont leurs
895 lieux naturels, et qu'ainsi c'est les détruire en quelque façon que les réduire à ne paraître que parmi leurs adorateurs.

Mais passons plus avant.

Il est certain que la religion n'est que la perfection de la raison, du moins pour la morale, qu'elle la purifie, qu'elle l'élève, et qu'elle
900 dissipe seulement les ténèbres que le péché d'origine a répandues dans le lieu de sa demeure, enfin que la religion n'est qu'une raison plus parfaite : ce serait être dans le plus déplorable aveuglement des païens que de douter de cette vérité. Cela étant, et puisque les philosophes les plus sensuels n'ont jamais douté que la raison ne
905 nous fût donnée par la nature pour nous conduire en toutes choses par ses lumières, puisqu'elle doit être partout aussi présente à notre âme que l'œil à notre corps, et qu'il n'y a point d'acceptions[1] de

---

1. *Acceptions* : préférences, distinctions.

personnes, de temps, ni de lieux auprès d'elle, qui peut douter qu'il n'en soit de même de la religion, que cette lumière divine, infinie comme elle est par essence, ne doive faire briller partout sa clarté, et qu'ainsi que Dieu remplit tout de lui-même sans aucune distinction, et ne dédaigne pas d'être aussi présent dans les lieux du monde les plus infâmes que dans les plus augustes et les plus sacrés ainsi les vérités saintes qu'il lui a plu de manifester aux hommes ne puissent être publiées dans tous les temps et dans tous les lieux où il se trouve des oreilles pour les entendre et des cœurs pour recevoir la grâce qui les fait chérir ?

Loin donc, loin d'une âme vraiment chrétienne ces indignes ménagements et ces cruelles bienséances, qui voudraient nous empêcher de travailler à la sanctification de nos frères partout où nous le pouvons ! La charité ne souffre point de bornes : tous lieux, tous temps lui sont bons pour agir et faire du bien ; elle n'a point d'égard à sa dignité quand il y va de son intérêt ; et comment pourrait-elle en avoir, puisque cet intérêt consistant, comme il fait, à convertir les méchants, il faut qu'elle les cherche pour les combattre, et qu'elle ne peut les trouver, pour l'ordinaire, que dans des lieux indignes d'elle ?

Il ne faut donc pas qu'elle dédaigne de paraître dans ces lieux, et qu'elle ait si mauvaise opinion d'elle-même, que de penser qu'elle puisse être avilie en s'humiliant. Les grands du monde peuvent avoir ces basses considérations, eux de qui toute la dignité est empruntée et relative, et qui ne doivent être vus que de loin et dans toute leur parure pour conserver leur autorité, de peur qu'étant vus de près et à nu, on ne découvre, leurs taches et qu'on ne reconnaisse leur petitesse naturelle. Qu'ils ménagent avec avarice le faible caractère de grandeur qu'ils peuvent avoir ; qu'ils choisissent scrupuleusement les jours qui les font davantage briller ; qu'ils se gardent bien de se commettre jamais en des lieux qui ne contribuent pas à les faire paraître élevés et parfaits : à la bonne heure. Mais que la charité redoute les mêmes inconvénients, que cette souveraine des âmes chrétiennes appréhende

de voir sa dignité diminuée en quelque lieu qu'il lui plaise de se montrer, c'est ce qui ne se peut penser sans crime ; et comme on a dit autrefois que plutôt que Caton fût vicieux, l'ivrognerie serait une vertu[1], on peut dire avec bien plus de raison que les lieux les
945 plus infâmes seraient dignes de la présence de cette reine, plutôt que sa présence dans ces lieux pût porter aucune atteinte à sa dignité.

En effet, Monsieur (car ne croyez pas que j'avance ici des paradoxes), c'est elle qui les rend dignes d'elle, ces lieux si indignes en eux-mêmes : elle fait, quant il lui plaît, un temple d'un palais, un
950 sanctuaire d'un théâtre, et un séjour de bénédictions et de grâces d'un lieu de débauche et d'abomination. Il n'est rien de si profane qu'elle ne sanctifie, de si corrompu qu'elle ne purifie, de si méchant qu'elle ne rectifie, rien de si extraordinaire, de si inusité et de si nouveau qu'elle ne justifie : tel est le privilège de la vérité produite
955 par cette vertu, le fondement et l'âme de toutes les autres vertus.

Je sais que le principe que je prétends établir a ses modifications comme tous les autres ; mais je soutiens qu'il est toujours vrai et constant quand il ne s'agit que de parler comme ici. La religion a ses lieux et ses temps affectés pour ses sacrifices, ses cérémonies, et ses
960 autres mystères ; on ne peut les transporter ailleurs sans crime ; mais ses vérités qui se produisent par la parole sont de tous temps et de tous lieux, parce que le parler étant nécessaire en tout et partout, il est toujours plus utile et plus saint de l'employer à publier la vérité et à prêcher la vertu qu'à quelque autre sujet que ce soit.

965 L'antiquité, si sage en toutes choses, ne l'a pas été moins dans celle-ci que dans les autres ; et les païens, qui n'avaient pas moins de respect pour leur religion que nous en avons pour la nôtre, n'ont pas craint de la produire sur leurs théâtres : au contraire, connaissant de quelle importance il était de l'imprimer dans l'esprit du peuple, ils
970 ont cru sagement ne pouvoir mieux lui en persuader la vérité que par les spectacles, qui lui sont si agréables. C'est pour cela que leurs

---

1. Allusion au dernier chapitre du *De tranquillitate animi* de Sénèque (1er siècle ap. J.-C.).

dieux paraissent si souvent sur la scène, que les dénouements, qui sont les endroits les plus importants du poème, ne se faisaient presque jamais de leur temps que par quelque divinité, et qu'il n'y 975 avait point de pièce qui ne fût une agréable leçon et une preuve exemplaire de la clémence ou de la justice du Ciel envers les hommes. Je sais bien qu'on me répondra que notre religion a des occasions affectées pour cet effet, et que la leur n'en avait point ; mais outre qu'on ne saurait écouter la vérité trop souvent et en trop de lieux, 980 l'agréable manière de l'insinuer au théâtre est un avantage si grand par-dessus les lieux où elle paraît avec toute son austérité, qu'il n'y a pas lieu de douter, naturellement parlant, dans lequel des deux elle fait plus d'impression.

Ce fut pour toutes ces raisons que nos pères, dont la simplicité 985 avait autant de rapport avec l'Évangile que notre raffinement en est éloigné, voulant profiter, à l'édification [1] du peuple, de son inclination naturelle pour les spectacles, instituèrent premièrement la comédie pour représenter la passion du Sauveur du monde et semblables sujets pieux. Que si la corruption qui s'est glissée dans 990 les mœurs depuis ce temps heureux a passé jusqu'au théâtre et l'a rendu aussi profane qu'il devait être sacré, pourquoi, si nous sommes assez heureux pour que le Ciel ait fait naître dans nos temps quelque génie capable de lui rendre sa première sainteté, pourquoi l'empêcherons-nous, et ne permettrons-nous pas une chose que 995 nous procurerions avec ardeur, si la charité régnait dans nos âmes, et s'il n'y avait pas tant de besoin qu'il y en a aujourd'hui parmi nous de décrier l'hypocrisie et de prêcher la véritable dévotion ?

La seconde de mes réflexions est sur un fruit, véritablement accidentel, mais aussi très important, que non seulement je crois qu'on 1000 peut tirer de la représentation de *L'Imposteur*, mais même qui en arriverait infailliblement : c'est que jamais il ne s'est frappé un plus

---

1. *Édification* : instruction, fait d'inspirer des sentiments de vertu.

rude coup contre tout ce qui s'appelle galanterie solide en termes honnêtes que cette pièce ; et que si quelque chose est capable de mettre la fidélité des mariages à l'abri des artifices de ses corrup- 1005 teurs, c'est assurément cette comédie, parce que les voies les plus ordinaires et les plus fortes par où on a coutume d'attaquer les femmes y sont tournées en ridicule d'une manière si vive et si puissante, qu'on paraîtrait sans doute ridicule quand on voudrait les employer après cela, et par conséquent on ne réussirait pas.

1010 Quelques-uns trouveront peut-être étrange ce que j'avance ici ; mais je les prie de n'en pas juger souverainement qu'ils[1] n'aient vu représenter la pièce, ou du moins de s'en remettre à ceux qui l'ont vue ; car bien loin que ce que je viens d'en rapporter suffise pour cela, je doute même si sa lecture toute entière pourrait faire juger tout l'effet 1015 que produit sa représentation. Je sais encore qu'on me dira que le vice dont je parle étant le plus naturel de tous, ne manquera jamais de charmes capables de surmonter tout ce que cette comédie y pourrait attacher de ridicule. Mais je réponds à cela deux choses : l'une que dans l'opinion de tous les gens qui connaissent le monde, ce péché, morale- 1020 ment parlant, est le plus universel qu'il puisse être ; l'autre que cela procède beaucoup plus, surtout dans les femmes, des mœurs, de la liberté et de la légèreté de notre nation, que d'aucun penchant naturel, étant certain, que de toutes les civilisées, il n'en est point qui y soit moins portée par le tempérament que la Française. Cela supposé, je 1025 suis persuadé que le degré de ridicule où cette pièce ferait paraître tous les entretiens et les raisonnements qui sont les préludes naturels de la galanterie du tête-à-tête, qui est la plus dangereuse, je prétends, dis-je, que ce caractère de ridicule, qui serait inséparablement attaché à ces voies et à ces acheminements de corruption, par cette représentation, 1030 serait assez puissant et assez fort pour contre-balancer l'attrait qui fait donner dans le panneau les trois quarts des femmes qui y donnent.

---

1. *Qu'ils* : avant qu'ils.

C'est ce que je vous ferai voir plus clair que le jour, quand vous voudrez ; car comme il faut pour cela traiter à fond du ridicule, qui est une des plus sublimes matières de la véritable morale, et que cela ne se peut sans quelque longueur et sans examiner des questions un peu trop spéculatives pour cette lettre, je ne pense pas devoir l'entreprendre ici.

Mais il me semble que je vous vois plaindre de ma circonspection à votre accoutumée, et trouver mauvais que je ne vous dise pas absolument tout ce que je pense : il faut donc vous contenter tout à fait ; et voici ce que vous demandez.

Quoique la nature nous ait fait naître capables de connaître la raison pour la suivre, pourtant, jugeant bien que si elle n'y attachait quelque marque sensible qui nous rendît cette connaissance si facile, notre faiblesse et notre paresse nous priveraient de l'effet d'un si rare avantage, elle a voulu donner à cette raison quelque sorte de forme extérieure et de dehors reconnaissable. Cette forme est, en général, quelque motif de joie, et quelque matière de plaisir que notre âme trouve dans tout objet moral. Or ce plaisir, quand il vient des choses raisonnables, n'est autre que cette complaisance délicieuse qui est excitée dans notre esprit par la connaissance de la vérité et de la vertu ; et quand il vient de la vue de l'ignorance et de l'erreur, c'est-à-dire de ce qui manque de raison, c'est proprement le sentiment par lequel nous jugeons quelque chose ridicule. Or, comme la raison produit dans l'âme une joie mêlée d'estime, le ridicule y produit une joie mêlée de mépris, parce que toute connaissance qui arrive à l'âme produit nécessairement dans l'entendement un sentiment d'estime ou de mépris, comme dans la volonté un mouvement d'amour ou de haine.

Le ridicule est donc la forme extérieure et sensible que la providence[1] de la nature a attachée à tout ce qui est déraisonnable, pour nous en faire apercevoir, et nous obliger à le fuir. Pour connaître ce

---

1. *Providence* : sagesse.

ridicule il faut connaître la raison dont il signifie le défaut, et voir en quoi elle consiste. Son caractère n'est autre, dans le fond, que la con-
1065 venance, et sa marque sensible, la bienséance, c'est-à-dire le fameux *quod decet*[1] des anciens : de sorte que la bienséance est à l'égard de la convenance ce que les platoniciens disent que la beauté est à l'égard de la bonté, c'est-à-dire qu'elle en est la fleur, le dehors, le corps et l'apparence extérieure ; que la bienséance est la raison apparente, et
1070 que la convenance est la raison essentielle. De là vient que ce qui sied bien est toujours fondé sur quelque raison de convenance, comme l'indécence sur quelque disconvenance, c'est-à-dire le ridicule sur quelque manque de raison. Or, si la disconvenance est l'essence du ridicule, il est aisé de voir pourquoi la galanterie de Panulphe paraît
1075 ridicule, et l'hypocrisie en général aussi ; car ce n'est qu'à cause que les actions secrètes des bigots ne conviennent pas à l'idée que leur dévote grimace et l'austérité de leurs discours a fait former d'eux au public.

Mais quand cela ne suffirait pas, la suite de la représentation
1080 met dans la dernière évidence ce que je dis ; car le mauvais effet que la galanterie de Panulphe y produit le fait paraître si fort et si clairement ridicule, que le spectateur le moins intelligent en demeure pleinement convaincu. La raison de cela est que, selon mon principe, nous estimons ridicule ce qui manque extrêmement
1085 de raison. Or, quand des moyens produisent une fin fort différente de celle pourquoi on les emploie, nous supposons, avec juste sujet, qu'on en a fait le choix avec peu de raison, parce que nous avons cette prévention[2] générale qu'il y a des voies partout, et que quand on manque de réussir, c'est faute d'avoir choisi les bonnes. Ainsi
1090 parce qu'on voit que Panulphe ne persuade pas sa Dame, on conclut que les moyens dont il se sert ont une grande disconve-nance avec sa fin, et par conséquent qu'il est ridicule de s'en servir.

---

1. *Quod decet* : ce qui convient (expression latine). \ **2.** *Prévention* : préjugé.

Or non seulement la galanterie de Panulphe ne convient pas à sa
1095 mortification [1] apparente et ne fait pas l'effet qu'il prétend, ce qui
le rend ridicule, comme vous venez de voir, mais cette galanterie est
extrême aussi bien que cette mortification, et fait le plus méchant
effet qu'elle pouvait faire, ce qui le rend extrêmement ridicule,
comme il était nécessaire pour en tirer le fruit que je prétends.

1100 Vous me direz qu'il paraît bien par tout ce que je viens de dire que
les raisonnements et les manières de Panulphe semblent ridicules,
mais qu'il ne s'ensuit pas qu'elles le semblassent dans un autre, parce
que, selon ce que j'ai établi, le ridicule étant quelque chose de relatif,
puisque c'est une espèce de disconvenance, la raison pourquoi ces
1105 manières ne conviennent pas à Panulphe n'aurait pas lieu dans un
homme du monde qui ne serait pas dévot de profession comme lui, et
par conséquent elles ne seraient pas ridicules dans cet homme comme
dans lui.

Je réponds à cela que l'excès de ridicule que ces manières ont dans
1110 Panulphe fait que, toutes les fois qu'elles se présenteront au spectateur
dans quelque autre occasion, elles lui sembleront assurément ridicules,
quoique peut-être elles ne le seront pas tant dans cet autre sujet que
dans Panulphe : mais c'est que l'âme, naturellement avide de joie,
se laisse ravir nécessairement à la première vue des choses qu'elle a
1115 conçues une fois comme extrêmement ridicules, et qui lui rafraîchis-
sent l'idée du plaisir très sensible qu'elle a goûté cette première fois ;
or, dans cet état, l'âme n'est capable de faire la différence du sujet où
elle voit ces objets ridicules avec celui où elle les a premièrement vus.
Je veux dire qu'une femme qui sera pressée par les mêmes raisons que
1120 Panulphe emploie ne peut s'empêcher d'abord de les trouver ridicules,
et n'a garde de faire réflexion sur la différence qu'il y a entre l'homme
qui lui parle et Panulphe, et de raisonner sur cette différence, comme
il faudrait qu'elle fît pour ne pas trouver ces raisons aussi ridicules
qu'elles lui ont semblé quand elle les a vu proposer à Panulphe.

---

1. *Mortification* : souffrance et/ou humiliation qu'on s'inflige, pour faire pénitence.

1125 La raison de cela est que notre imagination, qui est le réceptacle naturel du ridicule, selon sa manière ordinaire d'agir en attache si fortement le caractère au matériel dans quoi elle [le] voit (comme sont ici les paroles et les manières de Panulphe), qu'en quelque autre lieu, quoique plus décent, que nous trouvions ces mêmes manières, nous

1130 sommes d'abord frappés d'un souvenir de cette première fois, si elle a fait une impression extraordinaire, lequel, se mêlant mal à propos avec l'occasion présente et partageant l'âme à force de plaisir qu'il lui donne, confond les deux occasions en une, et transporte dans la dernière tout ce qui nous a charmés et nous a donné de la joie dans

1135 la première : ce qui n'est autre que le ridicule de cette première.

Ceux qui ont étudié la nature de l'âme et le progrès de ses opérations morales ne s'étonneront pas de cette forme de procéder, si irrégulière dans le fond, et qu'elle prenne ainsi le change et attribue de cette sorte à l'un ce qui ne convient qu'à l'autre : mais enfin c'est

1140 une suite nécessaire de la violente et forte impression qu'elle a reçue une fois d'une chose, et de ce qu'elle ne reconnaît d'abord et ne juge les objets que par la première apparence de ressemblance qu'ils ont avec ce qu'elle a connu auparavant, et qui frappe d'abord les sens.

Cela est si vrai, et telle est la force de la prévention, que je croirais

1145 prouver suffisamment ce que je prétends, en vous faisant simplement remarquer que les raisonnements de Panulphe, qui sont les moyens qu'il emploie pour venir à son but, étant imprimés dans l'esprit de quiconque a vu cette pièce, comme ridicules ; ainsi que je l'ai prouvé, et par conséquent comme mauvais moyens : naturellement parlant,

1150 toute femme près de qui on voudra les employer après cela, les rendra inutiles, en y résistant par la seule prévention où cette pièce l'aura mise qu'ils sont inutiles en eux-mêmes.

Que si pourtant, malgré tout ce que je viens de dire, on veut que l'âme, après le premier mouvement qui lui fait embrasser avec

1155 empressement la plus légère image du ridicule, revienne à soi et fasse à la fin la différence des sujets, du moins m'avouerez-vous que ce retour ne se fait pas d'abord, qu'elle a besoin d'un temps

considérable pour faire tout le chemin qu'il faut qu'elle fasse pour se désabuser [1] de cette première impression, et qu'il est quelques
1160 instants où la vue d'un objet qui a paru extrêmement ridicule dans quelque autre lieu le représente encore comme tel, quoique peut-être il ne le soit pas dans celui-ci.

Or ces premiers instants sont de grande considération dans ces matières, et font presque tout l'effet que ferait une extrême durée,
1165 parce qu'ils rompent toujours la chaîne de la passion et le cours de l'imagination, qui doit tenir l'âme attachée dès le commencement jusqu'au bout d'une entreprise amoureuse afin qu'elle réussisse, et parce que le sentiment du ridicule, étant le plus froid de tous, amortit et éteint absolument cette agréable émotion et cette douce et
1170 bénigne [2] chaleur qui doit animer l'âme dans ces occasions. Que le sentiment du ridicule soit le plus froid de tous, il paraît bien parce que c'est un pur jugement plaisant et enjoué d'une chose proposée : or il n'est rien de plus sérieux que tout ce qui a quelque teinture de passion ; donc il n'y a rien de plus opposé au sentiment passionné
1175 d'une joie amoureuse que le plaisir spirituel que donne le ridicule.

Si je cherchais matière à philosopher, je pourrais vous dire, pour achever de vous convaincre de l'importance des premiers instants en matière de ridicule, que l'extrême attachement de l'âme pour ce qui lui donne du plaisir, comme le ridicule des choses qu'elle voit, ne lui
1180 permet pas de raisonner pour se priver de ce plaisir, et par conséquent qu'elle a une répugnance naturelle à cesser de considérer comme ridicule ce qu'elle a une fois considéré comme tel ; et c'est peut-être pour cette raison que, comme il arrive souvent, nous ne saurions traiter sérieusement de certaines choses, pour les avoir d'abord
1185 envisagées de quelque côté ou ridicule ou seulement qui a rapport à quelque idée de ridicule que nous avions, et qui nous l'a rafraîchie. Combien donc, à plus forte raison, cette première impression fait-elle le même effet dans les occasions aussi sérieuses que celles-ci ! car,

---

1. *Désabuser* : détromper. \ 2. *Bénigne* : propice, favorable.

comme je viens de le remarquer, il ne faut point dire que ce soient
des affaires à être traitées en riant, n'y ayant rien de plus sérieux que
ces sortes d'entreprises (ce que je veux bien répéter, parce qu'il est
fort important pour mon but), et rien qui soit plutôt démonté par le
moindre mélange de ridicule, comme les experts le peuvent témoigner ; et tout cela parce que le sentiment du ridicule est le plus
choquant, le plus rebutant, et le plus odieux de tous les sentiments
de l'âme.

Mais s'il est généralement désagréable, il l'est particulièrement
pour un homme amoureux, qui est le cas de notre question. Il est peu
d'honnêtes gens qui ne soient convaincus par expérience de cette
vérité : aussi est-il bien aisé de la prouver. La raison en est que, comme
il n'y a rien qui nous plaise tant à voir en autrui qu'un sentiment
passionné, ce qui est peut-être le plus grand principe de la véritable
rhétorique, aussi n'y a-t-il rien qui déplaise plus que la froideur et
l'apathie qui accompagne le sentiment du ridicule, surtout dans une
personne qu'on aime, de sorte qu'il est plus avantageux d'en être haï,
parce que, quelque passion qu'une femme ait pour vous, elle est
toujours favorable, étant toujours une marque que vous êtes capable
de la toucher, qu'elle vous estime, et qu'elle est bien aise que vous
l'aimiez : au lieu que ne la toucher point du tout, et lui être indifférent, à plus forte raison lui paraître méprisable pour peu que ce soit,
c'est toujours être à son égard dans un néant le plus cruel du monde,
quand elle est tout au vôtre : de sorte que, pour peu qu'un homme ait
le courage ou d'autre voie ouverte pour revenir à la liberté et à la
raison, la moindre marque qu'il aura de paraître ridicule, le guérira
absolument, ou du moins le troublera, et le mettra en désordre et par
conséquent hors d'état de pousser une femme à bout pour cette fois,
et elle de même en sûreté quant à lui : ce qui est le but de ma
réflexion.

Mais non seulement quand l'impression première de ridicule qui
se fait dans l'esprit d'une femme, lorsqu'elle voit les mêmes raisonnements de Panulphe dans la bouche d'un homme du monde, s'effacerait

absolument dans la suite par la réflexion qu'elle ferait sur la différence qu'il y a de Panulphe à l'homme qui lui parle, non seulement, dis-je, quand cela arriverait, cette première impression ne laisserait pas de
1225 produire tout l'effet que je prétends, comme je l'ai prouvé ; mais il est même faux qu'elle puisse être effacée entièrement, parce que, outre que ces raisonnements paraissent ridicules, comme je l'ai fait voir, ils le sont en effet, et ont toujours réellement quelque degré de ridicule dans la bouche de qui que ce soit, s'ils n'en ont pas partout un aussi
1230 grand que dans Panulphe. La raison de cela est que si le ridicule consiste dans quelque disconvenance, il s'ensuit que tout mensonge, déguisement, fourberie, dissimulation, toute apparence différente du fond, enfin toute contrariété entre actions qui procèdent d'un même principe, est essentiellement ridicule. Or tous les galants qui se servent
1235 des mêmes persuasions que Panulphe sont en quelque degré dissimulés et hypocrites comme lui ; car il n'en est point qui voulût avouer en public les sentiments qu'il déclare en particulier à une femme qu'il veut perdre : ce qu'il faudrait qui fût, pour qu'il fût vrai de dire que ses sentiments de tête-à-tête n'ont aucune disconvenance avec ceux
1240 dont il fait profession publique, et par conséquent aucune indécence ni aucun ridicule ; et le premier fondement de tout cela est ce que j'ai établi dès l'entrée de cette réflexion, que la providence de la nature a voulu que tout ce qui est méchant eût quelque degré de ridicule, pour redresser nos voies par cette apparence de défaut de raison, et pour
1245 piquer notre orgueil naturel par le mépris qu'excite nécessairement ce défaut, quand il est apparent comme il est par le ridicule ; et c'est de là que vient l'extrême force du ridicule sur l'esprit humain, comme de cette force procède l'effet que je prétends. Car la connaissance de défaut de raison d'une chose que nous donne l'apparence de ridicule qui est
1250 en elle nous fait la mésestimer nécessairement, parce que nous croyons que la raison doit régler tout. Or ce mépris est un sentiment relatif, de même que toute espèce d'orgueil, c'est-à-dire qui consiste dans une comparaison de la chose mésestimée avec nous, au désavantage de la personne dans qui nous voyons cette chose et à notre avantage. Car

1255 quand nous voyons une action ridicule, la connaissance que nous avons du ridicule de cette action nous élève au-dessus de celui qui la fait, parce que, d'une part, personne n'agissant irraisonnablement à son su, nous jugeons que l'homme qui l'a faite ignore qu'elle soit déraison-nable et la croit raisonnable, donc qu'il est dans l'erreur et dans

1260 l'ignorance, que naturellement nous estimons des maux ; d'ailleurs, par cela même que nous connaissons son erreur, par cela même nous en sommes exempts : donc nous sommes en cela plus éclairés, plus parfaits, enfin plus que lui. Or cette connaissance d'être plus qu'un autre est fort agréable à la nature ; de là vient que le mépris qui

1265 enferme cette connaissance est toujours accompagné de joie : or cette joie et ce mépris composent le mouvement qu'excite le ridicule dans ceux qui le voient ; et comme ces deux sentiments sont fondés sur les deux plus anciennes et plus essentielles maladies du genre humain, l'orgueil et la complaisance dans les maux d'autrui, il n'est pas étrange

1270 que le sentiment du ridicule soit si fort et qu'il ravisse l'âme comme il fait, elle qui se défiant, à bon droit, de sa propre excellence depuis le péché d'origine[1], cherche de tous côtés avec avidité de quoi la persuader aux autres et à soi-même par des comparaisons qui lui soient avantageuses, c'est-à-dire par la considération des défauts d'autrui.

1275   Enfin il ne faut pas, pour dernière objection, qu'on me dise que tous les sentiments que j'attribue aux gens, et sur lesquels je fonde mon raisonnement dans tout ce discours, ne se sentent pas comme je les dis ; car ce n'est que dans les occasions qu'il paraît si on les a ou non. Ce n'est pas qu'alors même on s'aperçoive de les avoir ; mais c'est

1280 seulement que l'on fait des actes qui supposent nécessairement qu'on les a ; et c'est la manière d'agir naturelle et générale de notre âme, qui ne s'avoue jamais à soi-même la moitié de ses propres mouvements, qui marque rarement le chemin qu'elle fait, et qu'on ne pourrait point marquer aussi, si on ne le découvrait et si on ne le prouvait de

1285 cette sorte par la lumière et par la force du raisonnement.

---

1. *Péché d'origine* : péché originel.

Voilà, Monsieur, la preuve de ma réflexion ; ce n'est pas à moi à juger si elle est bonne, mais je sais bien que si elle l'est, l'importance en est sans doute extrême ; et s'il faut estimer les remèdes d'autant plus que les maladies sont incurables, vous
1290 m'avouerez que cette comédie est une excellente chose à cet égard, puisque tous les autres efforts qui se font contre la galanterie sont absolument vains. En effet, les prédicateurs[1] foudroient, les confesseurs exhortent, les pasteurs[2] menacent, les bonnes âmes gémissent, les parents, les maris et les maîtres veillent sans cesse
1295 et font des efforts continuels aussi grands qu'inutiles, pour brider l'impétuosité du torrent d'impureté qui ravage la France ; et cependant c'est être ridicule dans le monde que de ne s'y laisser pas entraîner ; et les uns ne font pas moins de gloire d'aimer l'incontinence[3], que les autres en font de la reprendre. Le désordre
1300 ne procède d'autre cause que de l'opinion impie où la plupart des gens du monde sont aujourd'hui que ce péché est moralement indifférent, et que c'est un point où la religion contrarie directement la raison naturelle. Or pouvait-on combattre cette opinion perverse plus fortement, qu'en découvrant la turpitude[4] naturelle
1305 de ces bas attachements et faisant voir par les seules lumières de la nature, comme dans cette comédie, que non seulement cette passion est criminelle, injuste et déraisonnable, mais même qu'elle l'est extrêmement, puisque c'est jusques à en paraître ridicule ?

1310 Voilà, Monsieur, quels sont les dangereux effets qu'il y avait juste sujet d'appréhender que la représentation de *L'Imposteur* ne produisît. Je n'en dirai pas davantage : la chose parle d'elle-même.

---

1. *Prédicateurs* : personnes qui prêchent, qui transmettent la parole de Dieu. \ **2.** *Pasteurs* : personnes qui enseignent la religion aux fidèles. \ **3.** *Incontinence* : incapacité à refreiner ses pulsions, vice. \ **4.** *Turpitude* : laideur morale, vice.

Je rends apparemment un très mauvais service à Molière par cette
réflexion, quoique ce ne soit pas mon dessein[1], parce que je lui fais des
ennemis d'autant de galants qu'il y en a dans Paris, qui ne sont pas peut-
être les personnes les moins éclairées ni les moins puissantes. Mais qu'il
ne s'en prenne qu'à lui-même. Cela ne lui arriverait pas, si, suivant les
pas des premiers comiques et des modernes qui l'ont précédé, il exerçait
sur son théâtre une censure impudente, indiscrète et mal réglée, sans
aucun soin de mœurs, au lieu de négliger, comme il a fait, en faveur de
la vertu et de la vérité, toutes les lois de la coutume et de l'usage du beau
monde, et d'attaquer ses plus chères maximes et ses franchises les plus
privilégiées jusque dans leurs derniers retranchements.

Voilà, Monsieur, ce que vous avez souhaité de moi. Gardez-vous
bien de croire, pour tout ce que je viens de dire, que je m'intéresse en
aucune manière dans l'histoire que je vous ai contée, et de prendre
pour l'effet de quelque opinion préméditée l'effort que j'ai fait pour
vous plaire : je parle sur les suppositions que je forge, et seulement
pour me donner matière de vous entretenir plus longtemps comme
je sais que vous le voulez. À cela près, peu m'importe qui que ce soit
qui ait raison ; car quoique cette affaire me paraisse peut-être assez de
conséquence, j'en vois tant d'autres de cette sorte aujourd'hui, qui
sont ou traitées de bagatelles ou réglées par des principes tout autres
qu'il faudrait, que n'étant pas assez fort pour résister aux mauvais
exemples du siècle, je m'accoutume insensiblement, Dieu merci, à
rire de tout comme les autres, et à ne regarder toutes les choses qui se
passent dans le monde que comme les diverses scènes de la grande
comédie qui se joue sur la terre entre les hommes. Je suis,

Monsieur,

Votre etc.

Le 20ᵉ août 1667.

---

1. *Dessein* : intention.

DOSSIER

REPÈRES CULTURELS ET BIOGRAPHIQUES

Au XVIIᵉ siècle, le théâtre porte la trace des polémiques religieuses qui agitent le règne de Louis XIV. Au sein même du catholicisme, déchiré par la réforme protestante un siècle auparavant, s'affrontent les jésuites, les jansénistes et les membres du parti dévot. La comédie, et *Le Tartuffe* en particulier, est une chambre d'écho de ces conflits dont elle est aussi la victime. La pièce, créée pour la première fois en 1664, ne peut être représentée dans sa version définitive qu'en 1669, du fait des pressions des dévots, qui veulent imposer au roi son interdiction. De toutes les querelles qui jalonnent la carrière de Molière, celle du *Tartuffe* est certainement l'une des plus longues et des plus marquantes : ses enjeux, complexes, sont d'ordre littéraire, moral et religieux.

■ *Le Tartuffe* : une pièce traversée par diverses polémiques religieuses

LES CONFLITS ENTRE JÉSUITES ET JANSÉNISTES : TARTUFFE, UN JÉSUITE ?

La réforme protestante, dont Luther puis Calvin au XVIᵉ siècle étaient à l'origine, a eu pour conséquence la scission du christianisme en deux religions distinctes : le catholicisme et le protestantisme. La Contre-Réforme est notamment menée par les jésuites, ou membres de la Compagnie de Jésus, ordre religieux fondé en 1534 par Ignace de Loyola, et voué à faire reculer le protestantisme. Pour parvenir à ses fins, la Compagnie s'appuie sur une recherche du spectaculaire, destinée à impressionner les fidèles. Le paraître prend une place qu'il n'avait pas auparavant. Tartuffe, suspect de mimer la dévotion plus que de la vivre, donne une image polémique des pratiques et de la pensée nées de la Contre-Réforme et incarnées par les jésuites. Il semble faire de la religion un simple spectacle, vidé de toute substance spirituelle. Face à Elmire, il recourt plus précisément à la casuistique, branche de la théologie morale dont les jésuites se sont faits les spécialistes. Cette « science » est censée permettre de résoudre les cas de conscience et « de rectifier le mal de l'action/Avec la pureté de notre intention » (acte IV, scène 5, v. 1491-1492). Pour lui, comme pour certains jésuites, une action condamnable peut être justifiée et son auteur éviter la damnation éternelle, si l'intention qui l'a guidée est louable. Ce principe est celui dit de la « direction d'intention ». Il traduit une conception particulièrement souple de la morale, qui a valu aux jésuites d'être accusés de tolérance excessive à l'égard des vices et des péchés de leurs contemporains.

Les jansénistes, qui s'inspirent de la pensée de saint Augustin, évêque du Ve siècle, sont les principaux opposants aux jésuites. Certains d'entre eux, les Solitaires, choisissent de se retirer du monde, pour mener une vie humble, étrangère à toute forme d'ostentation et centrée sur les questions intellectuelles, morales et spirituelles. Ils sont d'ailleurs suspects aux yeux du pouvoir de constituer un

La question de la grâce

Au cœur des polémiques entre jésuites et jansénistes se trouve la question de la grâce et de ses rapports complexes avec la liberté de l'homme. Dans les *Provinciales* (1656), Pascal, qui est proche du jansénisme, dénonce avec vigueur et ironie le principe de la direction d'intention, sur lequel repose la casuistique, et qui témoigne à ses yeux d'une complaisance coupable à l'égard du péché et d'une confiance abusive en la liberté humaine. Pour les jansénistes, l'homme reçoit son salut de Dieu. Le poids de la liberté, des actes et de la volonté de l'homme est ainsi relativisé : l'individu est soumis au pouvoir absolu de Dieu. Il s'agit d'une vision de la grâce plus angoissante que celle des jésuites, qui laissent une place plus importante à la liberté et à la volonté, car il dépend de l'homme seul de rendre efficace la grâce reçue par chacun à la naissance.

foyer de contestation politique, et donc de menace. Tartuffe, au contraire, affirme sa fidélité au roi, à qui il dénonce Orgon, soupçonné de traîtrise (acte V). De plus, malgré l'austérité dont il se réclame, il ne cherche en aucun cas à s'exclure de la société et va même, avec Elmire, jusqu'à compromettre sa morale chrétienne avec les mœurs mondaines.

LA COMPAGNIE DU SAINT-SACREMENT ET SON OPPOSITION AU *TARTUFFE* DE MOLIÈRE

La Compagnie du Saint-Sacrement, ou « parti dévot », est une société catholique fondée en 1627, qui a elle aussi une importance considérable dans les polémiques religieuses de l'époque. Avec le soutien de personnalités marquantes de la noblesse, elle a pour objectif de promouvoir le catholicisme, par le biais de directeurs de conscience qui s'introduisent dans les familles. Elle place la charité au cœur de sa morale, réprime les mauvaises mœurs et cultive le secret entre ses membres, vis-à-vis de l'extérieur. Elle ne rend pas compte au roi de son action. Ses menées clandestines l'ont très vite rendue suspecte aux yeux du pouvoir, qui craignait la constitution d'un « État dans l'État » et qui a cherché à la supprimer. Son opposition au *Tartuffe*, qui l'a rendue célèbre, est très violente, malgré le soutien que le roi accorde à Molière. En effet, les membres du « parti dévot » ont cru se reconnaître dans le personnage de Tartuffe, directeur de conscience d'Orgon et censeur rigoureux des mœurs de la famille. En 1669, lorsque la pièce peut enfin être jouée librement, la Compagnie du Saint-Sacrement est affaiblie et n'est plus en mesure de faire obstacle aux représentations. Molière peut proclamer, non sans ironie, qu'il est « réconcilié avec les dévots » (Troisième placet, p. 25, l. 12-13).

LE *TARTUFFE* ET LA QUESTION DU « LIBERTINAGE »

À ces polémiques s'ajoutent celles qui entourent le « libertinage », catégorie créée par les défenseurs du catholicisme. Les jésuites en particulier, entendent bien faire taire pour lutter contre un ennemi dont ils craignent qu'il ne répande l'athéisme dans la société. À l'époque, l'accusation de libertinage, dont Théophile de Viau (1590-1626), considéré comme le chef de file des libertins, a été l'objet, pouvait conduire sur le bûcher. C'est un tel destin que Molière craint pour sa pièce, où il n'y a selon lui « rien qui ne mérite le feu » (Préface, p. 10-11, l. 18-19). Les libertins sont des écrivains et penseurs qui remettent en question les certitudes philosophiques, morales et religieuses communément admises par leurs contemporains. Or, l'Église considère toute contestation des croyances, et plus encore de l'existence de Dieu, comme une folie. Elle voit la critique de la religion et de ses pratiques par les libertins comme un simple prétexte censé justifier leur immoralité. Elle les accuse de s'adonner à la gourmandise, à l'ivrognerie et à des pratiques sexuelles scandaleuses, en couvrant leurs vices du prétexte fallacieux de leur athéisme, qui leur permettrait lâchement d'éloigner d'eux la crainte de Dieu et du châtiment éternel.

Dans *Tartuffe*, Orgon accuse Valère et son beau-frère de libertinage. Cléante lui répond en revendiquant le droit à l'esprit critique (acte I, scène 5, v. 314-322). Pour ce personnage, qui se fait peut-être, à ce moment de la pièce, le porte-parole de Molière, la lucidité et la dénonciation de l'hypocrisie ne doivent pas se confondre avec le libertinage. Le dramaturge insiste sur le fait que, loin de s'attaquer à la dévotion elle-même, c'est la fausse dévotion qu'il critique. Sa condamnation de l'hypocrisie, c'est-à-dire de la dissimulation et de l'absence de sincérité dans un domaine aussi important que la religion, serait non pas le reflet de son impiété, mais au contraire le signe de son souci de préserver la vraie foi de ceux qui la corrompent.

Molière et l'apogée de la « grande comédie » classique

LES DÉBUTS DE L'ACTEUR ET DU DRAMATURGE

Jean-Baptiste Poquelin (1622-1673) a commencé sa carrière de comédien, de chef de troupe et d'auteur sur les routes de province, avec l'Illustre Théâtre, fondé en 1643. Un an plus tard, il prend le pseudonyme de Molière. Entre 1645 et 1658, il voyage et rencontre le prince de Conti, qui le fait bénéficier de son soutien, avant de se convertir à des pratiques religieuses très strictes et de rejoindre la Compagnie du Saint-Sacrement, devenant dès lors un farouche adversaire du théâtre. Pour Molière, l'expérience de l'Illustre Théâtre est un échec. En 1658, de retour à Paris, il reçoit le soutien du roi, qui apprécie les fêtes et le théâtre. Un an plus tard, *Les Précieuses ridicules* sont un triomphe. Molière s'installe avec sa troupe au Petit-Bourbon, salle offerte par le roi, avant de rejoindre définitivement le Palais-Royal, en 1660.

L'INVENTION DE LA « GRANDE COMÉDIE » : *L'ÉCOLE DES FEMMES, LE TARTUFFE, DOM JUAN, LE MISANTHROPE*

L'École des femmes ou la première des grandes querelles

En 1662, *L'École des femmes* est la première des grandes comédies de Molière, qui s'était auparavant illustré dans le genre de la farce, avec des textes dont on a perdu la trace[1]. La représentation de *L'École des femmes* entraîne la première querelle importante à laquelle Molière a dû faire face. S'appuyant sur certains passages jugés libertins, les adversaires du dramaturge condamnent la pièce, dont ils pensent qu'elle transgresse la règle de bienséance et qu'elle ne respecte pas les questions sacrées. Ils voient par exemple les « maximes du mariage » énoncées par Arnolphe comme une parodie des Dix Commandements transmis par Dieu aux hommes. Molière leur répond dans *La Critique de l'École des femmes* en fustigeant l'hypocrisie des censeurs et les excès du rigorisme moral. Les motifs et la violence de cette querelle pèsent considérablement sur la réception du *Tartuffe*.

La difficile genèse du Tartuffe : les trois versions de la pièce

Le Tartuffe est la deuxième « grande comédie » de Molière. C'est une pièce écrite en cinq actes et en alexandrins, qui traite de questions politiques, morales et religieuses. Le comique de la pièce a pour fonction d'édifier le spectateur, au moins autant que de le divertir. Molière y respecte les exigences essentielles du théâtre classique et en particulier la fameuse règle

---

1. On connaît *La Jalousie du barbouillé* et *Le Médecin volant* (date de création indéterminée, probablement avant 1654).

des trois unités : l'unité de temps, car l'action se déroule en une journée[1] ; l'unité de lieu, car la pièce se passe à Paris, dans la maison bourgeoise d'Orgon et d'Elmire, et plus précisément au rez-de-chaussée, dans un espace moins intime que l'étage supérieur[2] ; et enfin l'unité d'action. C'est en effet l'aveuglement d'Orgon qui est à l'origine de toutes les péripéties.

La genèse de la pièce a duré presque cinq ans. À l'origine, le texte est intitulé *Tartuffe ou l'Hypocrite*. C'est une pièce en trois actes, représentée le 12 mai 1664. Les représentations publiques de cette première version de l'œuvre, malgré le soutien du roi, sont presque immédiatement interdites. Molière peut néanmoins se livrer à des « lectures particulières » (Premier placet, p. 20, l. 40), face à quelques spectateurs. Le 5 août 1667, une deuxième version de la pièce, intitulée *Panulphe ou l'Imposteur*, est représentée. Le roi est parti pour les Flandres, en campagne militaire. Il est absent de la cour. Lamoignon, Premier président du Parlement, profite de cette absence pour faire interdire la pièce, dès le 6 août 1667. Le 8 août, Molière informe le roi de cette nouvelle interdiction qui frappe sa pièce. C'est avec amertume qu'il évoque le risque pour lui d'être réduit au silence « si les tartuffes ont l'avantage » (Second placet, p. 24, l. 53-54). C'est uniquement le 5 février 1669 que Molière peut proposer son œuvre dans sa version définitive, la seule qui nous soit parvenue, sous le titre de *Tartuffe ou l'Imposteur*, pièce désormais composée de cinq actes. Remerciant le roi de cette liberté enfin retrouvée, le dramaturge évoque plaisamment la « résurrection de *Tartuffe* » (Troisième placet, p. 25, l. 11), dont il fait quasiment un miracle. Du vivant de Molière, la pièce est, à partir de cette date, représentée soixante-dix-sept fois, ce qui est considérable.

---

1. Il faut toutefois noter que Molière ne donne que des repères temporels assez flous. Orgon revient chez lui après deux jours d'absence probablement dans la matinée (acte I, scène 4). Tartuffe, quand il prend congé de Cléante, précise qu'il est « trois heures et demie » (acte IV, scène 1, v. 1266). Au dernier acte, Monsieur Loyal annonce que la famille d'Orgon doit quitter la maison avant le lendemain et il suggère que le soir approche (acte V, scène 4, v. 1780-1783).
2. « Là-haut » (acte IV, scène 8, v. 1572), Orgon a caché sa cassette, et Tartuffe se retire pour prier.

Dom Juan, Le Misanthrope : en aval des polémiques

Pour faire vivre sa troupe, affectée par l'interdiction de la pièce, et surtout pour répondre au parti dévot, Molière écrit *Dom Juan* (1665). Cette pièce, qui n'est pas publiée du vivant de Molière, subit elle aussi de nombreuses attaques. Par l'intermédiaire de son principal protagoniste, séducteur et séduisant, qui ne cesse de défier les autorités et le Ciel, elle est accusée de proposer une apologie du libertinage. Dom Juan représente toutefois davantage une image du libertin conforme à celle que les dévots voudraient promouvoir, que celle d'un véritable libertin. Ses audaces intellectuelles sont la justification qu'il s'efforce de donner à l'assouvissement impénitent de ses désirs. Pour Molière, c'est l'occasion de montrer qu'il condamne avant tout l'hypocrisie, qu'elle soit dévote ou libertine. Plus qu'une provocation, *Dom Juan* serait une tentative d'apaisement avec le parti dévot.

Le Misanthrope (1666) témoigne d'un approfondissement de la « grande comédie » et du comique qu'elle propose. Le personnage d'Alceste, amoureux déçu des hommes, fait sourire, bien plus que rire, du fait de ses contradictions. La pièce a en partie déconcerté les spectateurs. Molière y dénonce « l'art de plaire » et les excès de la civilité mondaine, qui conduit à renoncer à toute valeur morale et en particulier à l'exigence de sincérité, de transparence. Toutefois, Alceste répond à ces excès par une intransigeance excessive et peu compatible avec son désir de plaire à Célimène, une coquette bien intégrée à la société de son temps. Le personnage porte un regard très sombre sur les faiblesses humaines, et ne cesse de rappeler de manière peu raisonnable son refus de tout compromis avec le monde, ainsi que son désir de vivre en solitaire. Il donne vie, sous une forme discrètement polémique, aux excès auxquels le jansénisme peut conduire. Si Alceste entend être un solitaire, c'est du fait de son amour déçu.

LES DERNIÈRES ANNÉES

Le Malade imaginaire, représenté en 1673, est le chef-d'œuvre de la comédie-ballet, genre destiné au divertissement de la cour et mêlant le théâtre, la musique et la danse. Molière y ridiculise les médecins, imposteurs profitant d'une angoisse universelle face à la mort, pour imposer leur pouvoir. La promesse illusoire de la guérison nourrit la croyance en leur toute-puissance. Le 17 février 1673, lors de la quatrième représentation de la pièce, Molière meurt. Si *Le Tartuffe* croise l'Histoire, celle du pouvoir et des querelles religieuses, *Le Malade imaginaire* permet à Molière, tragiquement, de rencontrer son propre destin.

Les enjeux de la querelle du *Tartuffe* (1664-1669)

UN ENJEU LITTÉRAIRE

Les critiques de la pièce portent en partie sur des questions littéraires. La composition du *Tartuffe* a souvent été critiquée, pour son supposé manque de cohérence : les adversaires de Molière n'ont pas toujours compris la longueur de l'exposition, le sens de l'intrigue matrimoniale entre Mariane et Valère, qui n'était pas présente dans la première version de la pièce et qui occupe l'essentiel de l'acte II dans la version définitive, ou le caractère considéré comme artificiel du dénouement, lui aussi ajouté *a posteriori*. En outre, le cinquième acte consacre l'échec de Tartuffe, et donne à la pièce un sens politique qu'elle n'avait pas auparavant. C'est le roi qui rétablit la justice par l'intermédiaire de l'Exempt, son représentant sur la scène. Ce dénouement, qui évite à la famille d'Orgon d'être chassée de chez elle par Tartuffe, permet également à la morale d'être restituée dans ses droits et à l'hypocrite de ne pas avoir le dernier mot.

Les critiques soulèvent un autre problème littéraire : la question essentielle pour une comédie classique du respect de la bienséance. Cette règle, qui interdit en principe toute représentation de scènes à caractère sexuel ou toute évocation du désir, fait polémique entre Molière et ses adversaires. Le problème se pose en particulier dans les scènes de confrontation entre Tartuffe et Elmire. La scène où Orgon est caché sous la table (acte IV, scène 5) pourrait être vulgaire, si le personnage de Tartuffe n'était pas inquiétant et celui d'Elmire subtil et maître de ses émotions. Tartuffe témoigne d'une manière explicite de son désir pour Elmire, à qui il fait des avances très appuyées. La didascalie indiquant qu'« *Il lui met la main sur le genou* » (acte III, scène 3, p. 87) met l'accent sur le contact physique entre les deux personnages. Dans la scène 5 de l'acte IV, le dévot est encore plus entreprenant. Elmire ne cesse de tousser pour avertir Orgon du danger qu'elle court. Tartuffe ne se satisfait pas des paroles charmantes d'Elmire. Il attend d'elle des faveurs, comme gages de sa sincérité (acte IV, scène 5, v. 1448-1452).

Le respect de l'unité de ton, exigé par l'esthétique classique, est également objet de polémiques entre Molière et ses adversaires. Pour Georges Forestier[1], *Le Tartuffe* traduit « l'intégration de la structure de la farce dans la *grande comédie* » : le trio comique formé par Orgon, Elmire et Tartuffe est celui que l'on rencontre dès la farce médiévale du mari trompé, de la femme et de l'amant. Tartuffe est le sujet de cette farce et Orgon en est la victime. Les motifs farcesques, au risque de compromettre en partie l'unité de ton, sont destinés à faire rire un public plus populaire. Ils rappellent toutefois surtout, dans une grande comédie, l'importance du corps, auquel la morale et la religion ne peuvent jamais entièrement imposer silence.

UN ENJEU MORAL ET RELIGIEUX

Polémiques religieuses

Mais l'essentiel des polémiques porte sur des questions religieuses. Les dévots s'opposent aux représentations du *Tartuffe* parce qu'ils considèrent que la pièce les ridiculise et qu'elle porte atteinte aux principes religieux : « *Le Tartuffe*, dans leur bouche, est une pièce qui offense la piété » (Préface, p. 10, l. 16-17). Pour eux, il est intolérable que le dévot soit la principale cible du comique et soit accusé de ne pas être sincère. Ce qui est en cause, c'est leur amour-propre, ainsi que le respect dû à la religion. Molière met en effet en scène un personnage qui se livre à la charité, à la prière, à la mortification, autant de pratiques auxquelles les dévots souscrivent également. Les discours de Tartuffe aussi bien que ses actes sont le plus souvent caractérisés par une troublante proximité avec ceux d'un vrai dévot.

À ces critiques, Molière répond dans ses préfaces et ses placets. Selon lui, son personnage est incontestablement un faux dévot et la pièce ne laisse aucun doute sur ce sujet. Il insiste sur les « précautions » qu'il a prises pour

---

1. Voir son ouvrage intitulé *Molière* (Bordas, coll. « En toutes lettres », 1990).

«distinguer le personnage de l'hypocrite d'avec celui du vrai dévot» (Préface, p. 12, l. 48-49). La deuxième version de la pièce, intitulée *Panulphe ou l'Imposteur*, témoigne également des efforts du dramaturge pour se concilier les bonnes grâces de ce parti dévot très influent à la cour. Molière a considérablement assoupli la présentation du personnage de Tartuffe, qui n'est plus censé être un dévot. Panulphe, personnage principal de la deuxième version de l'œuvre, a l'habit d'un « homme du monde » (Second placet, p. 22, l. 11-12), ce qui doit montrer que la dévotion, dans son principe, n'est pas en cause. La *Lettre sur la comédie de l'Imposteur* nous donne une image de ce que devait être cette pièce, qui constitue une première réponse du dramaturge à ses adversaires, mais dont le texte ne nous est pas parvenu. Molière et son défenseur, auteur anonyme de la *Lettre*, ne convainquent toutefois pas les dévots, qui renvoient au dramaturge l'accusation de « tartufferie » et celle de libertinage (→ Repères, p. 206).

La question de la moralité du théâtre

Molière rencontre également l'opposition de principe de ceux qui remettent en cause la moralité du théâtre. Pour eux, la religion ne saurait être en aucun cas un objet de « représentation », au sens théâtral du terme. Ils expriment l'hostilité de l'Église aux comédiens et aux spectacles, accusés d'encourager l'immoralité. Il s'agit d'une polémique ancienne, ravivée par *Le Tartuffe* et par d'autres écrits : en 1666, l'abbé d'Aubignac publie la *Dissertation sur la condamnation des théâtres*. Le prince de Conti, après avoir protégé Molière, l'accuse dans son *Traité de la comédie et des spectacles, selon la tradition de l'Église tirée des conciles et des Saints-Pères* (1666). En 1667, Nicole, dans son *Traité de la comédie*, considère même que le théâtre est « un empoisonneur public », susceptible de causer la perte des âmes des fidèles.

Repoussant toute conception héroïque de la morale, Molière fait du plaisir propre à la comédie l'un des moyens de guider les hommes sur la voie de la sagesse. Pour lui, l'aspiration humaine au divertissement offre au dramaturge l'occasion de faire œuvre de moraliste. « Châtier les mœurs par le rire » (*castigat ridendo mores*), tel est l'objectif de pièces que les dévots, paradoxalement, veulent interdire. Pour Molière, il s'agit de montrer que la comédie, à travers les diverses formes du rire, est une affaire sérieuse.

PISTES DE LECTURE ET EXERCICES

▩ Piste 1 : L'imposteur et ses dupes[1]

Figure éponyme[2] de la pièce, Tartuffe est un personnage qui a fait l'objet de multiples interprétations, parfois contradictoires. Incarnation comique car excessive et extravagante, de l'hypocrisie pour les uns, il est pour d'autres un homme dont les ambitions religieuses et morales sont sincères et qui fait le constat amer de son incapacité à s'y conformer entièrement. Cette dernière hypothèse permet de restituer en partie la grande complexité du personnage. Censé maîtriser les apparences, il lui arrive de laisser deviner, par ses excès, la vérité de son être et de ses désirs. Son pouvoir de fascination, qui reste aujourd'hui intact, repose sans doute sur le caractère indécidable du portrait que l'on peut faire de lui. Il est essentiellement le produit d'un faisceau de discours venus aussi bien de ses opposants que de ceux qui le soutiennent. Son existence scénique est indissociable de celle d'Orgon et de Madame Pernelle, qui en font leur créature et qui sont prêts à tout lui sacrifier. Tartuffe a trouvé en eux des spectateurs fascinés par l'illusion théâtrale qu'il s'emploie à maintenir. Mais sa dimension comique ne doit pas être oubliée. Molière, à travers lui, entend bien faire la satire des faux dévots, de leur influence et de leur immoralité.

---

1. *Dupes* : personnes qui ont été trompées.
2. *Éponyme* : qui donne son nom au titre d'une œuvre.

Tartuffe ou le parfait imposteur ?

Les apparences d'une dévotion irréprochable

Tartuffe est un homme du monde, qui possède néanmoins tous les traits du dévot, à l'exception de l'habit. Il porte en effet « un petit chapeau, de grands cheveux, un grand collet, une épée, et des dentelles sur tout l'habit » (Second placet, p. 22, l. 12-14). En tant que directeur de conscience, il a la responsabilité d'assurer le salut d'Orgon, comme cela se faisait parfois dans les familles aisées du XVIIe siècle. Il entend aussi sauver, malgré elle, la famille entière, dont il critique les pratiques mondaines, « Ces visites, ces bals, ces conversations » (acte I, scène 1, v. 151), signes à ses yeux d'une existence dissolue. Il fréquente quotidiennement l'église (acte I, scène 5, v. 283) et pratique la prière, ce « devoir pieux » (acte IV, scène 1, v. 1267) au nom duquel il enfreint les règles de politesse, lorsqu'il coupe court au propos de Cléante. Il lit les textes sacrés et possède des ouvrages religieux tels que la *Fleur des Saints*, de Ribadeneira, ce qui signale l'influence de la pensée jésuite sur son discours et sur son comportement.

Moralement, il se présente comme un être irréprochable qui respecte les valeurs chrétiennes fondamentales. À plusieurs reprises, il met l'accent sur son humilité. En se définissant comme pécheur et en s'accusant de « la moindre bagatelle » (acte I, scène 5, v. 306), il s'inscrit dans la droite ligne du christianisme, qui considère la nature humaine comme corrompue. Pour expier des péchés réels ou supposés, il affirme se mortifier avec « [s]a haire » et « [s]a discipline » (acte III, scène 2, v. 853), témoignant ainsi d'une conception rigoriste de la piété où le corps doit être puni et purifié. Enfin, Tartuffe prétend se soumettre aux exigences chrétiennes de pauvreté lorsqu'il proclame que « Tous les biens de ce monde ont pour [lui] peu d'appas » (acte IV, scène 1, v. 1239) et de chasteté lorsqu'il prie Dorine de voiler son décolleté. Sa réplique est restée célèbre : « Couvrez ce sein que je ne saurais voir » (acte III, scène 2, v. 860).

De ce masque de sainteté, le faux dévot lui-même peut d'ailleurs être dupe. On ne peut exclure l'idée que Tartuffe se considère sincèrement comme un homme pieux et qu'il se mente à lui-même, au moins autant qu'il ment aux autres. Face à Elmire, il recherche les arguments nécessaires pour rendre compatibles ses désirs sensuels et ses aspirations peut-être sincères à la dévotion[1]. Il semble parfois réduit à faire le constat douloureux de l'écart entre l'image idéale qu'il s'est construite de lui-même et la réalité de son comportement. Il fait par exemple à Elmire cet aveu : « Ah ! pour être dévot, je n'en suis pas moins homme » (acte III, scène 3, v. 966). Dans un exceptionnel moment de sincérité, il affirme également à Orgon : « Tout le monde me prend pour un homme de bien ;/Mais la vérité pure est que je ne vaux rien » (acte III, scène 6, v. 1099-1100). Il montre ainsi que le vrai exercice de la foi imposerait une certaine modestie. Mais il s'adresse aussi très habilement à Damis, pour couper court à ses critiques. À trop vouloir faire l'« ange » (acte III, scène 3, v. 970), en prétendant à une inaccessible sainteté, l'individu prend toujours le risque d'apparaître comme une « bête[2] », un être immoral et méprisable, aux yeux de ceux qui savent être lucides.

Les vices de l'hypocrite

Tartuffe est un personnage qui incarne si fortement l'hypocrisie que son nom est passé dans le langage courant, sous la forme d'un nom commun. Un « tartuffe » est désormais un hypocrite. Lorsqu'il apparaît, très tardivement, à la scène 2 de l'acte III, Tartuffe se révèle en tous points conforme au portrait fait de lui au début de la pièce par les autres personnages. Dès la scène d'exposition, Dorine le condamne ainsi sans appel : « Tout son fait, croyez-moi, n'est rien qu'hypocrisie » (acte I, scène 1, v. 70). La dévotion que Tartuffe met en scène est d'emblée suspecte, même si le doute n'est pleinement levé qu'à la fin. À ce moment, il est vrai que Tartuffe n'a plus le choix : il a été humilié et Orgon l'a confondu. Acculé par les événements, il laisse définitivement apparaître alors son vrai visage, celui d'un escroc, d'un

---

1. C'est cette image du personnage que certaines mises en scène contemporaines ont privilégiée. On peut penser à la déjà ancienne, mais néanmoins très célèbre, mise en scène de Louis Jouvet (1950), qui propose, dans une certaine mesure, une réhabilitation du personnage de Tartuffe.

2. Voir les *Pensées* (1670) de Pascal : « Qui veut faire l'ange fait la bête ».

« fourbe renommé » (acte V, scène 7, v. 1923), qui s'était déjà fait connaître auprès du Prince par ses forfaits. L'Exempt reste allusif sur ce « long détail d'actions toutes noires/Dont on pourrait former des volumes d'histoires » (acte V, scène 7, v. 1925-1926). Mais il suggère que Tartuffe est un habitué du mensonge et de la dissimulation.

Son attitude est fondée sur le souci du spectaculaire. Le lexique du regard et de l'apparence est omniprésent dans le discours des autres personnages qui entendent caractériser son comportement de dévot. Bien qu'il soit un grand pourfendeur du maquillage, cette arme féminine de la séduction, il est passé maître, selon Dorine, dans son utilisation : « Lui, qui connaît sa dupe et qui veut en jouir,/ Par cent dehors fardés a l'art de l'éblouir » (acte I, scène 2, v. 199-200). Il s'arrange pour faire des autres les spectateurs de sa dévotion. Comme par hasard, c'est au moment où il aperçoit Dorine qu'il demande à Laurent, personnage mystérieux et muet qui l'accompagne, sa « haire avec [s]a discipline » (acte III, scène 2, v. 853). Il exhibe ainsi le rigorisme de ses pratiques religieuses, qui exigeraient certainement davantage d'intimité et de solitude pour être crédibles. C'est également en présence d'Orgon qu'il fait la charité aux pauvres (acte I, scène 5, v. 298) et qu'il manifeste ses élans religieux : « Il faisait des soupirs, de grands élancements,/Et baisait humblement la terre à tous moments » (acte I, scène 5, v. 287-288). Pour lui, les signes de la piété ont remplacé la piété en elle-même.

Le personnage est caractérisé par ses nombreuses contradictions : il feint d'être uniquement soucieux de l'âme, mais les biens matériels et le corps sont pour lui des préoccupations constantes. Alors qu'il est censé respecter l'exigence de pauvreté, il accepte bien volontiers l'héritage qu'Orgon lui lègue, au détriment de Damis. Alors qu'il prétend être détaché des plaisirs sensuels, il se révèle gourmand et jouisseur, profitant en parasite des biens de son hôte. Dorine signale avec effarement qu'à table, elle le « voit manger autant que six/Les bons morceaux de tout » (acte I, scène 2, v. 192-193). Tartuffe porte sur lui, physiquement, les traces de ses péchés : c'est un personnage « Gros et gras, le teint frais, et la bouche vermeille » (acte I, scène 4, v. 234). La religion lui sert de prétexte pour dissimuler ses forfaits.

Son hypocrisie devient éclatante dans son face à face avec Elmire, dont il cherche à obtenir très brutalement des faveurs sexuelles. Dans la scène 3 de l'acte III, il s'efforce de concilier la piété et l'amour, par des artifices rhétoriques qui témoignent de son habileté. En Elmire, « parfaite créature », emblème de la perfection divine, il feint de pouvoir « admirer […] l'auteur de la nature » (acte III, scène 3, v. 941-942). Il fait de son amour pour une belle femme le signe de sa piété et la condition de sa « béatitude » (acte III, scène 3, v. 958 et acte IV, scène 5, v. 1442). Mais, en lui mettant la main sur le genou, il presse aussi physiquement Elmire de céder à ses ardeurs. Il fait ainsi, de manière sacrilège, du plaisir sensuel et de l'adultère un préalable au salut.

Dans la scène 5 de l'acte IV, il se révèle encore plus « scélérat » (p. 118) que lors de sa première rencontre avec Elmire (acte III, scène 3). Il caricature la rhétorique jésuite et la pratique de la direction d'intention (→ Repères, p. 205). Il prétend connaître l'art de trouver des « accommodements » avec le Ciel (acte IV, scène 5, v. 1488) et de « rectifier le mal de l'action/Avec la pureté de notre intention » (acte IV, scène 5, v. 1491-1492). C'est le caractère public du péché qu'il craint, et non le péché en lui-même, dont il relativise la portée (acte IV, scène 5, v. 1504-1506). Absent de tout l'acte V sauf de la dernière scène, il complote en secret contre la famille, pour se venger de l'humiliation qui lui a été imposée par Elmire. Rien ne semble pouvoir empêcher sa victoire. Son personnage fait peser sur la comédie la menace du drame, sur la famille, celle du chaos, et sur l'État, celle du triomphe de l'injustice.

Qu'est-ce que la fausse dévotion ?

La pièce met en évidence les contradictions des faux dévots qui acceptent des compromis moralement injustifiables avec le monde, tout en continuant, dans leur discours, à défendre de rigoureux principes. Leur immoralité repose essentiellement sur leur usage perverti du langage, qu'ils instrumentalisent pour servir leurs propres intérêts. C'est l'orgueil, et non l'intensité de la foi ou l'aspiration à la sainteté qui détermine leur comportement. Mais leur hypocrisie est aussi la conséquence des contraintes sociales auxquelles la religion n'échappe pas.

L'immoralité des faux dévots

Pour les faux dévots, la dévotion sert de masque et de caution à l'intérêt, à l'ambition et au désir. À la scène 2 de l'acte II, Cléante critique tous ceux, nombreux selon lui (acte I, scène 5, v. 381), qui manifestent leur piété de manière ostentatoire et qui « prêchent la retraite au milieu de la cour » (acte I, scène 5, v. 372). Il reproche à ces êtres parfois cyniques d'« ajuster leur zèle avec leurs vices » (acte I, scène 5, v. 373), d'instrumentaliser la religion pour parvenir à leur fin. De son côté, dans la scène d'exposition, Dorine dénonce la manière dont certaines femmes parent leur pruderie d'arguments moraux, alors que celle-ci n'est que la conséquence du vieillissement et du renoncement à la séduction. Loin d'être le fruit d'un choix moral, « le métier de prude » (acte I, scène 1, v. 134) est le refuge de l'amour-propre blessé.

Les faux dévots parviennent toutefois à persuader les autres de la sincérité de leurs comportements, grâce à leur maîtrise du langage, dont ils font l'arme essentielle de leur pouvoir. Tartuffe use très habilement de la rhétorique, pour séduire et pour imposer à autrui la soumission à ses propres désirs. Orgon montre également que les paroles sacrées peuvent être détournées de leur sens original. Il explique ainsi que toute personne qui prend Tartuffe pour modèle « comme du fumier regarde tout le monde » (acte I, scène 5, v. 274). Ce vers fait référence à une parole de saint Paul : « Je regarde toutes choses comme du fumier afin de gagner Jésus-Christ » (*Épître aux Philippiens*, III, 8). Pour Tartuffe, qu'Orgon citerait ou dont il interprèterait ainsi le comportement, il ne s'agit pas de « choses », mais de personnes. Dans la Bible, cette parole pieuse invite le croyant à se détacher des biens matériels ; dans la bouche d'Orgon, elle devient une source de mépris envers les hommes. Pervertie, cette référence au Nouveau Testament donne aux paroles sacrées un sens contraire aux valeurs chrétiennes.

Religion et société : le règne du paraître

Le problème des faux dévots révèle la difficulté à rendre compatibles les exigences de la religion et celles de la vie en société. Face à Cléante, qui demande à mieux connaître Tartuffe, Orgon ne parvient qu'à faire du dévot ce portrait : « C'est un homme… qui,… ha ! un homme… un homme enfin » (acte I, scène 5, v. 272). Celui qui prétend être un saint est involontairement ramené par Orgon à sa plus humble humanité. Le dévot est un personnage qui vit au sein de la société et qui ne peut rester étranger à l'importance que celle-ci accorde au paraître. La religion se pratique essentiellement sous le regard des autres, en particulier à l'église, lieu non seulement de prière, mais aussi de sociabilité, ce qui invite la majorité des hommes à se conformer à ce que l'on attend d'eux, au prix parfois de quelques mensonges ou silences sur la réalité de leurs comportements. C'est leur réputation qui est en jeu. C'est pourquoi Tartuffe attire à l'église tous les jours « les yeux de l'assemblée entière » (acte I, scène 5, v. 285), fascinée par le zèle avec lequel il manifeste sa foi. À l'inverse, à être croyant dans le secret de son âme, Cléante est accusé de « libertinage » (acte I, scène 5, v. 314).

Le faux dévot a bien compris que tout repose sur l'apparence. Il rassure Elmire en lui expliquant que « Le scandale du monde est ce qui fait l'offense » : tant qu'un forfait n'est pas rendu public, il n'est pas condamnable. Pour lui, « ce n'est pas pécher que pécher en silence » (acte IV, scène 5, v. 1505-1506). Du paraître à l'être, il n'y a qu'un pas. Il est plus important de paraître chrétien que de l'être effectivement.

LES VICTIMES DE TARTUFFE

Orgon : la faiblesse, sous le masque de la tyrannie

Un citoyen autrefois honnête

Orgon n'a pas toujours été un extravagant. Dorine rappelle qu'il a fidèlement soutenu le pouvoir royal, pendant la Fronde[1]. Durant cette période troublée, Orgon a pris parti pour le roi (acte I, scène 2, v. 182), qui lui exprime sa reconnaissance par l'intermédiaire de l'Exempt, dans son intervention finale (acte V, scène 7, v. 1939-1940). Orgon n'a rien d'un traître à l'État, même s'il a accepté, par amitié, de dissimuler la cassette

---

1. La Fronde (1648-1652), qui prend la forme d'une guerre civile, est l'ultime réaction des parlements et de la vieille noblesse contre l'affirmation du pouvoir absolu de Louis XIV, défendu par Mazarin, son principal ministre. Le roi finit par avoir raison des frondeurs et par gouverner seul, face à une noblesse mise au pas.

compromettante de son ami Argas, un ancien frondeur en fuite. Il est un grand bourgeois respectable et disposant de suffisamment de biens, en particulier de terres (acte II, scène 2, v. 493), pour faire naître chez Tartuffe la convoitise.

Un chef de famille dépossédé de son pouvoir ?

Orgon donne sa fille Mariane au dévot. Pour la jeune fille, il s'agit d'un inacceptable mariage arrangé. Son père, aveuglé par son amour pour Tartuffe, croit lui faire épouser un saint et rêve naïvement pour elle d'un mariage « tout confit en douceurs et plaisirs » (acte II, scène 2, v. 532), ce qui détourne plaisamment l'expression « confit en dévotion[1] ». Au dévot, il donne également tous ses biens, après en avoir privé Damis, son fils, qu'il en vient à chasser de chez lui. C'est avec une grande violence qu'il déshérite le jeune homme, qui avait pourtant eu le courage – ou la naïveté – de lui dire la vérité. Il a failli enfin donner à Tartuffe sa femme, en se faisant complice, par sa passivité, de son propre cocuage.

Mais au sein de sa famille, Orgon incarne une autorité dégradée, car excessive et illégitime, qui s'appuie sur les arguments trompeurs de Tartuffe. Face à Cléante qui critique l'attitude de Tartuffe, il n'hésite pas à contrevenir aux exigences de la politesse, en interrompant brutalement la conversation, ce qui signale son incapacité à convaincre autrui par des arguments raisonnables (acte I, scène 5). Face à Dorine, pourtant censée être une simple suivante, il ne parvient pas véritablement à s'imposer et à garder la maîtrise du discours : il s'efforce en vain de lui donner un soufflet (acte II, scène 2). Son autorité ne cesse d'être mise en cause.

Personne ne parvient toutefois à le faire revenir sur ses décisions. Il est caractérisé, tout au long de la pièce, par la permanence ridicule de son caractère. Les oppositions auxquelles il se heurte semblent même le conforter dans son amour pour Tartuffe (acte III, scène 6, v. 1123-1124). Il y voit une preuve de « l'orgueil » (acte III, scène 6, v. 1126) et de la jalousie de sa famille envers le dévot, qui est parvenu auprès de lui à une position

---

1. *Confit en dévotion* : qui pratique la dévotion avec un certain excès, d'une manière suspecte d'être peu sincère.

que chacun estime imméritée. Après avoir déshérité son fils, obstiné dans son erreur, il fait cette déclaration tonitruante : « Et que puisse l'envie en crever de dépit ! » (acte III, scène 7, v. 1184). Le souci de l'humilité chrétienne, fondé sur l'idée du péché originel, exagéré jusqu'à l'absurde, le pousse d'ailleurs à mépriser tout homme, qu'il regarde « comme du fumier » (acte I, scène 5, v. 274). La quête morale et spirituelle d'Orgon, dont les excès l'éloignent des exigences élémentaires de la morale et de l'humanisme, aboutit à une impasse. Son aveuglement fait de lui un personnage excessif et comique par son extravagance, qui échappe *in extremis* à la ruine.

Un homme angoissé

Élevé par Madame Pernelle selon des principes rigoureux, Orgon est prompt à accuser Cléante de « libertinage » (acte I, scène 5, v. 314 et acte II, scène 2, v. 523-525 → Repères, p. 206). Il trouve en Tartuffe l'image idéalisée du dévot qu'il voudrait être. Vieillissant et marié pour la seconde fois à une femme plus jeune que lui, il est préoccupé par la question de son salut. Le masque de dévotion intransigeante qu'il se donne révèle sa peur de la mort et de l'Enfer. Tartuffe va profiter de cette faiblesse.

Dans la relation qu'il entretient avec le faux dévot, Orgon trahit son narcissisme[1] et sa quête d'identité. Il aime Tartuffe, d'un amour passionné, excessif et ridicule : « Il le choie, il l'embrasse, et pour une maîtresse/On ne saurait, je pense, avoir plus de tendresse » (acte I, scène 2, v. 189-190)[2]. Tartuffe, dont il béatifie la moindre des actions, est devenu « son tout, son héros » (acte I, scène 2, v. 195). Au prix de quelques renoncements terrestres, il espère obtenir du dévot les clés de la félicité éternelle à laquelle il aspire. Tartuffe le rassure et répond à des angoisses que la simple vérité ne saurait apaiser.

---

1. *Narcissime* : admiration de soi.

2. C'est, entre autres, sur ces vers que se sont appuyées des mises en scène mettant l'accent sur l'ambiguïté sexuelle des relations entre les deux personnages.

Madame Pernelle : une caricature de l'autorité

Madame Pernelle, la dévote mère d'Orgon, est le premier personnage à apparaître sur scène. C'est elle qui fait le portrait très sévère des autres membres de la famille, au moment de l'exposition. Madame Pernelle prône une vertu intransigeante et refuse tout compromis avec le monde. Son personnage renvoie peut-être à Anne d'Autriche, la dévote mère de Louis XIV, qui soutenait la Compagnie du Saint-Sacrement. Mais sa solitude et ses excès de colère discréditent d'emblée le camp des dévots qu'elle représente. Elle est encore plus aveuglée qu'Orgon par Tartuffe, qu'elle considère comme un « dévot personnage », envoyé par la providence chez sa belle-fille pour y remettre de l'ordre (acte I, scène 1, v. 146-147). Il faut attendre la scène 5 de l'acte V pour qu'elle finisse enfin par considérer le dévot comme un imposteur. Elle exprime ainsi son désabusement : « Je suis tout ébaubie, et je tombe des nues ! » (acte V, scène 5, v. 1814).

Alter ego caricatural et antipathique d'Orgon, elle ne semble pas dotée d'une véritable épaisseur psychologique. Elle est l'un des éléments du comique de la pièce. Elle incarne, face à une jeunesse malgré tout respectueuse de son grand âge, des valeurs dépassées et rétrogrades. Après 1660, l'ordre ayant été rétabli suite aux troubles de la Fronde, la vie à la cour est marquée par les spectacles et les plaisirs : l'austérité n'est plus à la mode. Madame Pernelle, enfermée dans ses principes exagérément rigides, incapable de se remettre en question, n'a pas su évoluer : elle se condamne à rester presque jusqu'au bout la dupe de Tartuffe et la spectatrice de l'histoire.

CONCLUSION

Dans la pièce, la fausse dévotion ressemble à s'y méprendre à la vraie : Tartuffe adopte une rhétorique et des pratiques fort semblables à celles des dévots sincères. Molière devait faire en sorte que l'imposture ne soit pas trop évidente. Sinon, il aurait été invraisemblable qu'Orgon ait été dupé. Il était toutefois nécessaire également de donner au spectateur les signes d'une discordance entre l'être et le paraître du personnage de Tartuffe. Dans le même temps, Molière devait ménager ses adversaires et faire en sorte que le personnage ne soit pas pris pour un vrai dévot.

Tartuffe est peut-être sincère et lui-même dupe du jeu théâtral qu'il met en œuvre, mais il n'en est pas moins, pour nous, excessif, et sa dévotion, extravagante.

Tartuffe est donc un personnage qui échappe dans une large mesure à toute caractérisation. Il est la projection des désirs et des craintes d'Orgon et de Madame Pernelle, que ce soit à l'égard de la mort ou d'un monde dont les valeurs ont changé. Si ce personnage demeure profondément ambigu, et a peut-être en partie échappé à Molière, du fait de la réception complexe dont il a été l'objet, il importe néanmoins de lui garder toute sa puissance comique. Le faux dévot, à l'image d'autres personnages des comédies de Molière, fait rire par ses excès et ses contradictions. Tartuffe voudrait que sa dévotion soit une preuve de sagesse : elle est avant tout un signe de son extravagance.

VERS LA QUESTION D'ÉCRITURE

Après avoir lu ces deux extraits, vous étudierez les effets de symétrie dans la composition de la pièce.

TEXTE 1
« Allons, Flipote [...] un train que je hais fort. »
➡ acte I, scène 1, p. 27-28, v. 1-24

TEXTE 2
« Que voulez-vous [...] sûr des choses. »
➡ acte V, scène 3, p. 129-130, v. 1660-1686

Pour préparer cet exercice, vous répondrez aux questions suivantes.

1. Vous analyserez les points communs entre ces deux scènes, qui se répondent l'une à l'autre, ainsi que les variations introduites par Molière entre une scène d'exposition (acte I, scène 1) et une scène préparant le dénouement (acte V, scène 3).

2. Vous expliquerez le comique de ces deux scènes, en vous intéressant au rythme et à la vivacité du dialogue.

3. Vous analyserez les traits caractéristiques du personnage de Madame Pernelle, en montrant que Molière raille en elle les excès et les contradictions des discours moralisateurs.

Piste 2 : Le combat contre l'hypocrisie

Dans la pièce, Molière dénonce l'hypocrisie morale et religieuse incarnée par Tartuffe, auquel il oppose des personnages plus raisonnables, qui s'efforcent de détromper Orgon. Avec Cléante, Molière donne vie à la figure de « l'honnête homme », habité par une foi discrète et sincère, étrangère aux excès et à toute forme d'ostentation. Dans le combat contre le mensonge, les personnages peinent toutefois à triompher seuls et semblent démunis. Leur position est faible et leur stratégie peu susceptible d'influer sur le cours des choses. Elmire, au fil de la pièce, se révèle la plus subtile en utilisant, contre l'hypocrite, les armes de l'hypocrisie. Mais c'est l'intervention du roi qui permet *in extremis* à la vérité de s'imposer. On peut considérer que Molière affirme ainsi sa confiance dans le système monarchique, seul susceptible de rétablir l'ordre et la paix.

LES OPPOSANTS À TARTUFFE

Face à la menace du triomphe de l'hypocrisie et des apparences trompeuses, les personnages soucieux de défendre la vérité se montrent bien impuissants. Leurs stratégies sont au mieux inefficaces (c'est le cas pour Mariane et Cléante), au pire dangereuses, comme l'apprend Damis à ses dépens, lui qui, pour avoir été trop sincère, est exclu de la famille par Orgon. Seule Elmire, par le stratagème qu'elle met en œuvre, réussit à désabuser son mari, en faisant de lui le témoin de l'hypocrisie de Tartuffe. Dans la pièce, la vérité n'est pas la meilleure arme contre le mensonge.

L'impuissance de la jeunesse

Mariane et Valère, les amoureux contrariés

Les deux jeunes gens sont au cœur de l'intrigue matrimoniale développée dans l'acte II. Sur scène, ils incarnent les jeunes premiers, amoureux et un peu immatures, victimes du pouvoir d'Orgon. Même si Madame Pernelle nous suggère qu'il ne faut pas être dupe de la timidité apparente de la jeune fille, qui se révélerait « sous chape » (acte I, scène 1, v. 24) moins docile qu'il n'y paraît, Mariane ne parle guère et reste avant tout la spectatrice presque muette de l'échec annoncé de sa relation avec Valère. Face à cet amant « généreux et sincère » (acte V, scène 7, v. 1962), qui lui demande sa réaction à la décision de son père, désireux de la marier avec Tartuffe, elle répond simplement : « Je ne sais » (acte II, scène 4, v. 694). De ce commentaire laconique, Valère déduit qu'elle n'exclut pas un tel mariage. Ce malentendu est à l'origine d'une scène de dépit amoureux entre les jeunes gens, à laquelle Dorine parvient à mettre un terme. Malgré sa réconciliation avec l'homme qu'elle aime, Mariane ne cherche pas vraiment à lutter contre le pouvoir « absolu » (acte II, scène 3, v. 589) de son père, dont elle semble accepter la décision. Poussée par sa suivante, elle se décide finalement à réagir, en se jetant aux genoux d'Orgon, pour implorer sa compassion. Mais elle commet la maladresse d'évoquer son désir de se réfugier au couvent plutôt que d'accepter le mariage avec Tartuffe (acte IV, scène 3, v. 1299-1300). Orgon ne peut que refuser ce soudain élan religieux, inspiré par le dépit et par le désespoir bien plus que par la foi.

Mariane et Valère, s'ils sont relativement effacés, introduisent néanmoins une dimension romanesque dans la pièce. Pour échapper à Tartuffe, la jeune fille pense à la solution du suicide (acte II, scène 3, v. 614 et v. 678). Figée dans sa posture de victime héroïque face à un père tyrannique, elle incarne, de manière discrètement parodique, les lieux communs romanesques de l'amour malheureux. En informant Orgon du complot que Tartuffe trame contre lui (acte V, scène 6), Valère témoigne de sa fidélité envers son beau-père. Ce faisant, il rend de nouveau possible son mariage avec Mariane et restitue la fin heureuse traditionnelle de la comédie.

Damis, ou l'échec de la sincérité à tout prix

Damis, jeune homme qui souhaite se marier avec la sœur de Valère, voit également ses projets contrariés par l'extravagance de son père (acte I, scène 3). Face au dévot, il campe sur une posture intransigeante. Emporté et fougueux, il n'obéit qu'à ses propres pulsions. Il reste sourd aussi bien aux conseils de Dorine qui l'invite à laisser agir Elmire (acte III, scène 1), qu'à ceux de cette dernière qui lui interdit de révéler à Orgon ce qu'il a entendu (acte III, scène 4). Il veut à tout prix détromper son père et considère que « le Ciel », qui a fait de lui le témoin de la scène de séduction entre Elmire et Tartuffe, lui en « offre un moyen aisé » (acte III, scène 4, v. 1044). Ses excès ainsi que son orgueil – il a l'illusion d'être l'homme providentiel de la famille – font ironiquement de lui un personnage proche de Tartuffe, mais aussi mauvais stratège que le dévot est bon manipulateur. Il est également un double d'Orgon, alors même que celui-ci le bannit et le déshérite. En effet, ce père et ce fils constamment en conflit sont tous les deux impulsifs, excessifs et coléreux. Prompt à se battre, Damis revient sur scène en prétendant vouloir « couper les deux oreilles » à Tartuffe (acte V, scène 2, v. 1634). C'est l'emportement et l'intransigeance qui caractérisent le mieux ce personnage immature.

Cléante ou l'impuissance de la raison

La sagesse de « l'honnête homme »

Frère d'Elmire et beau-frère d'Orgon, Cléante est la voix du bon sens. Il s'exprime sans passion excessive et fait le choix du juste milieu, dans le but de réconcilier les partis adverses. Au XVIIe siècle, « l'honnête homme », modèle de sociabilité, incarne un compromis raisonnable entre les qualités du corps et celles de l'esprit, entre les exigences de la vertu et celles de « l'art de plaire[1] », qui suppose d'être agréable aux autres et d'éviter toute forme pesante et orgueilleuse de moralisme. Cléante, à l'image des autres « raisonneurs » des comédies de Molière, défend un comportement inspiré par la « droite raison » (acte V, scène 1, v. 1609) et dénonce les excès d'Orgon. Face aux comportements extrêmes des hommes, il est caractérisé par une sagesse empreinte de modération, qu'il ne faudrait pas prendre pour de la faiblesse morale.

Cléante incarne donc des valeurs fondamentales. Mais sa stratégie pour les défendre est inefficace. Il ne parvient à convaincre ni Orgon de renoncer à Tartuffe, ni Tartuffe de pardonner à Damis (acte IV, scène 1). Sa rhétorique, qui repose sur le souci de la vérité, se révèle bien faible face aux sophismes du dévot, qui fait du langage un instrument de son pouvoir.

Le modèle des « dévots de cœur »

Cléante essaie de raisonner et de détromper Orgon. Dénoncer la fausse dévotion ne revient pas, pour lui, à s'attaquer à la pratique religieuse, mais au contraire à la défendre. C'est pourquoi il nie être un libertin, accusation portée par son beau-frère (acte I, scène 5, v. 314). Ce qui lui importe, c'est de faire comprendre à Orgon la « distinction/Entre l'hypocrisie et la dévotion[2] » (acte I, scène 5, v. 331-332).

> **Le raisonneur**
>
> Le « raisonneur » est un type de personnage que l'on retrouve par exemple avec Philinte, dans *Le Misanthrope*, ou avec Béralde dans *Le Malade imaginaire*. Il met en évidence, par contraste, l'extravagance du personnage principal et montre la voie d'un juste milieu qui n'est pas synonyme de faiblesse ou de compromissions avec le vice, mais de sagesse.

Contre les faux dévots, Cléante défend les « dévots de cœur » (acte I, scène 5, v. 382), sincères, humbles et discrets dans l'expression de leur foi, caractérisés par une attitude conforme aux exigences de la morale et de la religion. Pour lui, les « dévots de cœur » « ne sont point du tout fanfarons de vertu ;/On ne voit point en eux ce faste insupportable,/Et

---

1. Le modèle de « l'honnête homme » est défini par Nicolas Faret dans son célèbre traité intitulé *L'Honnête Homme ou l'Art de plaire à la cour* (1630).

2. Dans sa Préface, Molière fait cette réponse, comparable à celle que Cléante fait à Orgon, à ceux qui l'accusent d'avoir porté atteinte à la dévotion : « j'ai mis tout l'art et tous les soins qu'il m'a été possible pour bien distinguer le personnage de l'hypocrite d'avec celui du vrai dévot » (p. 12, l. 47-49).

leur dévotion est humaine, est traitable » (acte I, scène 5, v. 388-390). Au contraire de Tartuffe, ils gardent une certaine distance à l'égard du sacré, dont ils se gardent de prétendre maîtriser les mystères. Cléante rend hommage à leur humilité : ils « ne veulent point prendre, avec un zèle extrême,/Les intérêts du Ciel plus qu'il ne veut lui-même » (acte I, scène 5, v. 401-402). Il donne quelques exemples de ces êtres dotés d'un grand sens moral (acte I, scène 5, v. 385-386), sans toutefois préciser vraiment quelles positions et quelles pratiques religieuses ils devraient adopter. Les « dévots de cœur » que Molière décrit, par l'intermédiaire de Cléante, pourraient tout aussi bien être de vrais dévots que des athées vertueux.

Cléante pourrait lui-même représenter cet idéal d'une foi simple et sincère. Dans le dénouement, il offre un exemple de comportement moral, inspiré par l'idée chrétienne de la grâce, et l'espoir de la rédemption du pécheur : il invite Orgon, qui voudrait se venger, à être clément envers Tartuffe. Il lui demande même de faire ce vœu : « Souhaitez bien plutôt que son cœur en ce jour/Au sein de la vertu fasse un heureux retour » (acte V, scène 7, v. 1951-1952). Orgon conclut la pièce sur le plan dramaturgique, en rappelant la nécessité de célébrer le mariage entre Mariane et Valère ; mais c'est Cléante qui la conclut sur le plan moral, par des paroles qui signalent sa noblesse de cœur, et qui viennent contrebalancer l'image très noire laissée par Tartuffe.

Le choix nécessaire de la stratégie

Dorine : le spectacle de la liberté de parole

Dorine, à l'image des valets de comédie, introduit dans la pièce le registre farcesque. Elle fait rire par son langage familier et par le comique de geste qu'elle impose, par exemple dans la scène 2 de l'acte II, en évitant les soufflets d'Orgon. Elle est aussi caractérisée par son bon sens populaire, qui l'empêche d'être dupe des extravagances de Tartuffe et de son maître. En aucun cas toutefois elle n'a la bêtise et la balourdise de certains valets. Elle a le goût du jeu et de la mise en scène. Elle sait se montrer éloquente et même ironique. Madame Pernelle et son fils l'accusent d'ailleurs d'être insolente et « Un peu trop forte en gueule » (acte I, scène 1, v. 14). Par la vivacité de son intelligence et de son discours, son statut ne se réduit pas à celui de la servante. À Orgon, qui ne s'intéresse qu'à la santé de Tartuffe et non à celle d'Elmire, elle lance par exemple cette remarque ironique : « Et je vais à Madame annoncer par avance/La part que vous prenez à sa convalescence » (acte I, scène 4, v. 257-258). Elle n'hésite pas à s'opposer à son maître, avec une liberté de ton certaine : elle va même jusqu'à le qualifier de « fou » (acte II, scène 2, v. 475). En lançant à Orgon « Ah ! vous êtes dévot, et vous vous emportez ? » (acte II, scène 2, v. 552), elle met en évidence ses contradictions. Lucide sur l'extravagance du chef de famille, elle s'efforce de défendre, en porte-parole habile de Mariane, l'idée d'un mariage d'amour entre Valère et la jeune fille. Sa maîtrise du discours contraste d'ailleurs singulièrement avec le silence de sa maîtresse, qui apparaît face à elle comme une simple figurante. Mettant le doigt sur la passivité de Mariane, Dorine lui reproche d'être trop soumise, dans une plaisante inversion des « rôle[s] » (acte II, scène 3, v. 586) entre le maître et le valet.

Mais, malgré son évidente habileté, Dorine a en fait peu d'influence sur l'action. La seule stratégie qu'elle propose, face à Orgon qui reste sourd à ses paroles, est de gagner du temps, pour différer le mariage de Mariane avec le faux dévot (acte II, scène 4, v. 800-801), et de faire appel à l'aide d'Elmire. C'est elle qui, en régisseur habile, s'efforce d'organiser le premier entretien entre Elmire et Tartuffe (acte III, scènes 1 et 2).

Les mises en scène d'Elmire

La confrontation de la sincérité avec l'hypocrisie tournant toujours à l'avantage de cette dernière, Elmire comprend qu'il est nécessaire de battre Tartuffe avec ses propres armes. Face au faux dévot, celle dont le nom est l'anagramme presque parfaite de Molière est la seule à trouver une stratégie efficace : celle de la mise en scène, d'une forme de mensonge, qui permet à la vérité de surgir. Épouse intelligente et aimable, vertueuse sans être prude, attachée à Damis et à Mariane, dont elle défend le projet de mariage avec Valère, elle est contrainte de prendre le pouvoir, suite aux échecs répétés des autres membres de la famille. C'est l'accusation de mensonge par Orgon qui l'y pousse définitivement (acte IV, scène 3, v. 1350).

Son objectif est de « Faire poser le masque à cette âme hypocrite » (acte IV, scène 4, v. 1374), par une mise en scène très efficace. Elle place Orgon sous la table et lui donne des consignes, pour faire de lui le spectateur idéal de la scène. Elle prend le masque de la précieuse, un peu prude, que les ardeurs amoureuses de Tartuffe, trop promptes, ont blessée. Pour justifier sa réaction première aux avances du faux dévot, elle explique comment se comporte la femme dans une telle situation : « Toujours notre pudeur combat dans ces moments/Ce qu'on peut nous donner de tendres sentiments » (acte IV, scène 5, v. 1415-1416). Lorsque Tartuffe la presse de céder à ses sollicitations, elle tousse, exprimant sa gêne et alertant dans le même temps son mari, deuxième destinataire de son jeu de scène.

Ayant fait découvrir à son mari le vrai visage du dévot, elle avoue que ce sont les circonstances qui l'ont poussée à lui tendre ce piège (acte IV, scène 7, v. 1551-1552). Lorsque l'on a constaté l'échec du discours moral, le mensonge est la moins mauvaise des options. C'est une voie indirecte pour faire triompher la vérité. Pour Elmire, la fin – détruire l'autorité de Tartuffe et rétablir celle d'Orgon – justifie les moyens, même lorsque ceux-ci comportent une part de malhonnêteté. Toutefois, la révélation de l'imposture ne suffit pas à anéantir le pouvoir de nuisance de Tartuffe. À la fin de l'acte IV, la menace qu'il fait peser sur la famille n'a jamais été aussi grande.

LE TRIOMPHE DE L'ORDRE MONARCHIQUE

Avec *Tartuffe*, Molière entend montrer le problème politique posé par la fausse dévotion à son époque, qu'il estime dominée par l'hypocrisie (Premier placet présenté au roi, p. 19, l. 5-7). Selon lui, l'hypocrisie religieuse est, « dans l'État, d'une conséquence bien plus dangereuse que tous les autres [vices] » (Préface, p. 13, l. 76-77). Face aux faux dévots, le roi, garant du respect de la vérité et de la justice, est le seul recours possible pour les honnêtes gens.

La fausse dévotion : un problème politique

Molière considère que les hypocrites sont susceptibles de faire de l'ombre au pouvoir royal. Dans le Premier placet présenté au roi, il les compare à des « faux monnayeurs en dévotion, qui veulent attraper les hommes avec un zèle contrefait et une charité sophistique » (p. 19, l. 11-13). Or, frapper la monnaie est le privilège du roi, et la fabrication de fausse monnaie peut être considérée comme un crime de lèse-majesté. Molière rappelle donc que l'hypocrisie, incarnée sur scène par Tartuffe et dans la société de son temps par la Compagnie du Saint-Sacrement, constitue une menace sérieuse pour l'ordre politique et social.

Les faux dévots sont d'autant plus inquiétants pour le pouvoir qu'ils ne sont pas isolés et qu'ils sont nombreux. À plusieurs reprises, le « nous » (acte III, scène 3, v. 995 et acte IV, scène 5), dans le discours de Tartuffe, confirme l'existence d'un parti très vaste auquel le dévot appartiendrait, sans doute la Compagnie du Saint-Sacrement, particulièrement influente à la cour (→ Repères, p. 206). Les faux dévots ayant le pouvoir dommageable de « jeter dans leur parti de véritables gens de bien » (Préface, p. 11, l. 34), leur action brouille les repères moraux qui régissent la société et sur lesquels le roi doit pouvoir s'appuyer, dans son exercice du pouvoir. Ambitieux, attirés par l'appât du gain et du pouvoir, les faux dévots font de la religion l'instrument de leur politique.

Le rôle providentiel du roi

À la fin de la scène 4 de l'acte V, après l'intervention de M. Loyal, dont le nom dénonce ironiquement la déloyauté, il ne semblait plus y avoir d'espoir. La première version de la pièce consacrait d'ailleurs le triomphe du dévot. En 1669, dans la version définitive, l'Exempt, qui arrive sur scène tel un *deus ex machina*, permet à la famille d'éviter *in extremis* la catastrophe et rétablit la justice, de manière aussi heureuse qu'inattendue, au nom du souverain. Ce procédé est souvent critiqué pour son caractère invraisemblable. Pour Molière, l'évidence de l'artifice est surtout un moyen de montrer qu'une telle fin n'est possible que sur le théâtre, dans la comédie, qui permet de conjurer la menace du tragique.

Pour remédier au désordre introduit par Tartuffe dans la famille, ce n'est pas le « Ciel » qui vient au secours des personnages (acte V, scène 7, v. 1857). C'est le roi qui apparaît sur scène, de manière indirecte, par l'intermédiaire de l'Exempt. La providence, cause d'un dénouement

Le *deus ex machina*
Le *deus ex machina*, ou « dieu issu de la machine » (à l'origine, personnage qui apparaît sur scène à l'aide de la machinerie), est un procédé théâtral qui désigne l'arrivée imprévue d'un personnage venu dénouer *in extremis* une situation censée être inextricable.

heureux, s'incarne dans la figure politique du roi. Suite au discours de l'Exempt, Dorine s'exclame : « Que le Ciel soit loué ! » (acte V, scène 7, v. 1945), alors que c'est plutôt le roi qui devrait être « loué », à ce moment de la pièce. À une confiance souvent trompeuse en la religion, et plus encore en ses représentants, Molière substitue la confiance en l'ordre politique.

Le roi, incarnation d'un idéal moral et politique

À travers le discours de l'Exempt, Molière, remercie le roi pour le soutien qu'il lui a apporté dans la querelle du *Tartuffe*. Il fait un portrait relativement conventionnel du monarque, mis en valeur par les images de la lumière et du soleil. Tenant son pouvoir de Dieu, le souverain a un lien privilégié avec la vérité. Il est omniscient, et ne saurait ni se tromper, ni être trompé. Il est le seul à incarner la sincérité et la transparence. L'Exempt précise même qu'« Il donne aux gens de bien une gloire immortelle » (acte V, scène 7, v. 1913) : représentant de Dieu sur terre, il a le pouvoir d'assurer le salut de ceux dont il reconnaît les qualités morales.

Mais ces vers conclusifs ne sont pas la simple œuvre d'un courtisan. Pour Molière, il importe de montrer que sa pièce a aussi un sens politique. Il considère que le souverain a les moyens de créer, dans l'ici et maintenant, et non dans l'hypothétique au-delà heureux et apaisé promis par la religion, les conditions nécessaires pour que les hommes vivent ensemble et échappent aux malheurs dans lesquels leurs mensonges imprudents les précipitent infailliblement. Face à l'hypocrisie, la victoire n'est toutefois jamais définitive. Le dénouement ne règle pas le sort de Laurent. Molière semble laisser ouverte la possibilité que ce dernier prenne le relais de son maître. Mais, même si la victoire que permet l'intervention royale n'est que temporaire et incertaine, la supériorité du politique sur le religieux est présentée comme une garantie essentielle d'équilibre, de justice et de paix.

CONCLUSION

Le seul personnage, présent sur scène par l'intermédiaire de l'Exempt, qui sauve la comédie mise en péril par l'inquiétant pouvoir du dévot, est donc le roi. Face aux désordres que Tartuffe introduit dans la famille, il apparaît comme le garant de la tranquillité et de l'ordre. Pour Molière, les querelles que la présence du faux dévot a fait naître, à l'image des multiples conflits et guerres civiles dont la religion a été responsable dans l'Histoire, ne s'apaiseraient que sous la pression d'un pouvoir juste et fort. La monarchie, loin d'être un obstacle à la liberté et au bonheur individuel, est surtout le seul rempart efficace contre la tyrannie des faux dévots et leur tentative pour imposer le silence aux désirs et à la parole théâtrale, qui prend la liberté de les dénoncer. Molière, en moraliste, nous rappelle également que les hommes, prisonniers de leurs mensonges incessants au moins autant que de leurs prétentions abusives à détenir la vérité, ont besoin d'être guidés. Le monarque est leur ultime recours. Il leur offre les lumières de sa raison et rétablit l'équilibre, au nom de la justice et de Dieu, dans un monde où une irrémédiable confusion entre l'être et le paraître menace les individus de sombrer dans la folie.

VERS LE COMMENTAIRE

Commentez cet extrait.

« Je puis vous dissiper ces craintes [...] pécher en silence. »
➠ acte IV, scène 5, p. 118-119, v. 1485-1506

Pour préparer le commentaire, vous répondrez aux questions suivantes.

1. Montrez que Molière s'attache à ne nous laisser aucun doute, dans cette scène, sur l'hypocrisie et sur l'immoralité du personnage de Tartuffe.

2. Identifiez les arguments que Tartuffe énonce pour manipuler Elmire. Analysez et caractérisez sa stratégie argumentative.

3. En étudiant les effets de double sens, montrez que les paroles d'Elmire et son jeu de scène s'adressent non seulement à Tartuffe, mais aussi à Orgon.

Piste 3 : La vérité du mensonge théâtral

Face à l'hypocrisie de Tartuffe, la pièce défend une sagesse de la transparence et de la sincérité. Mais, contre le faux dévot, la morale est présentée comme une arme faible, voire risquée. C'est de la mise en scène que surgit la vérité. Il y a donc différentes formes de mensonge, qui ne sont pas toutes condamnables. Le terme d'*hypocrite*, issu du grec *hypokritês*, désigne *celui qui interprète, l'acteur*, avant de désigner *le fourbe*. Par l'intermédiaire d'Elmire, dont la mise en scène entraîne la révélation du vrai caractère de Tartuffe, Molière permet à la morale de triompher. Aux censeurs qui condamnent sa pièce, le dramaturge répond que la comédie est un hommage, non seulement plaisant, mais aussi efficace et innocent que le vice rend à la vertu[1].

LA MISE EN SCÈNE DE LA VÉRITÉ

Même ceux qui prônent la sincérité sont obligés, à un moment de la pièce, de jouer la comédie. La transparence apparaît comme un idéal fort difficile à atteindre, qui est davantage source d'exclusion que de réussite sociale[2]. Sur scène, les personnages font donc les acteurs et jouent la comédie, ce qui

---

1. Voir les *Maximes* (218) de La Rochefoucauld : « L'hypocrisie est un hommage que le vice rend à la vertu ».

2. La question de la possibilité de la sincérité est au cœur de la plupart des « grandes comédies » de Molière. Mais elle constitue surtout l'enjeu du *Misanthrope* (1666). Damis, qui choisit le combat frontal contre le vice des hommes, échoue et échappe de peu à la solitude à laquelle le misanthrope Alceste se condamne.

provoque de multiples effets de « théâtre dans le théâtre », finalement plus propices à la révélation de la vérité que la sincérité elle-même.

La faiblesse de la sincérité

Dans un monde corrompu, où chacun doit composer avec les mensonges de l'autre, la vérité n'a presque aucune chance d'être entendue. Toutes les tentatives pour convaincre Orgon qu'il est dupé se révèlent parfaitement inefficaces. Cléante et Dorine en font l'amère expérience (acte I, scène 5 et acte II, scène 2). Lorsqu'il dénonce Tartuffe, Damis n'est pas davantage cru par son père, ce qui aurait pu avoir pour lui des conséquences dramatiques, si l'hypocrisie du faux dévot n'avait pas fini par apparaître à Orgon lui-même. Le jeune homme a l'illusion que la vérité va s'imposer facilement : il pense que « la taire [à Orgon] est [lui] faire une offense » (acte III, scène 5, v. 1066). Il ne comprend pas que le mensonge rassure son père, qui n'est pas prêt à y renoncer et à affronter une vérité assénée par son fils de manière aussi brutale. Pour avoir été sincère, Damis est chassé de chez lui et déshérité par Orgon. Il reçoit immédiatement le châtiment de sa naïveté. Tartuffe lui-même fait cet aveu qui aurait pu conduire Orgon à une prise de conscience salutaire : « Tout le monde me prend pour un homme de bien ; /Mais la vérité pure est que je ne vaux rien » (acte III, scène 6, v. 1099-1100). Mais Orgon comprend cette déclaration comme un signe supplémentaire de l'humilité, et non de la culpabilité de Tartuffe.

L'hypocrite ne peut pas davantage être ramené sur la voie de la vérité que sa dupe. En effet, Cléante ne parvient pas à convaincre Tartuffe de renoncer à l'hypocrisie. Il essaie de lui montrer que son comportement n'est pas en accord avec les principes qu'il professe, en l'accusant de se servir de la religion pour dissimuler sa cupidité. Il lui pose cette question accusatrice : « Car enfin le vrai zèle a-t-il quelque maxime/Qui montre à dépouiller l'héritier légitime ? » (acte IV, scène 1, v. 1257-1258). Mais Tartuffe, refusant tout dialogue, interrompt sans ménagement sa tirade moralisatrice. L'opposition entre Cléante et Tartuffe montre combien la vérité, qui parle à la raison, est impuissante dans la lutte contre les apparences, souvent plus séduisantes, car elles s'adressent aux émotions et répondent de manière réconfortante aux fragilités de l'homme.

L'efficacité du « théâtre dans le théâtre »

La faiblesse des discours sincères et le spectacle permanent du mensonge en société ne laissent aux opposants à Tartuffe aucun autre choix que celui de la mise en scène. C'est pourquoi ils font sans cesse les acteurs, sans même parfois avoir conscience de ne pas être sincères. Pour chacun, l'être s'efface presque toujours face au paraître, tout-puissant. Valère et Mariane feignent d'être indifférents l'un à l'autre, par orgueil et pour se protéger d'une éventuelle déception. Aucun ne veut sembler céder face à l'autre. Dans la scène de dépit amoureux qu'ils jouent (acte II, scène 4), c'est en fait la réaffirmation de leurs vrais sentiments respectifs qu'ils voudraient obtenir. Il faut que Dorine, qui les observe, intervienne, pour faire cesser leur « badinage » (acte II, scène 4, v. 768), qui aurait pu être fatal à leur amour. À trop prendre au sérieux la comédie de l'amour, les deux amants ont bien failli se prendre au piège de leur propre jeu.

> **Le théâtre dans le théâtre**
> Il s'agit d'un procédé par lequel les personnages en viennent à faire les acteurs au sein même de la pièce. Considéré comme caractéristique de l'âge baroque, il crée un effet d'enchâssement qui invite à la réflexion sur les rapports entre l'être et le paraître. On le retrouve, par exemple, dans *L'Illusion comique* de Corneille (1635) et dans *Le Malade imaginaire* de Molière (1673).

Dans la pièce, Tartuffe est l'acteur par excellence. Pour lui, le théâtre est une arme de pouvoir. Le faux dévot joue la comédie de la pruderie et de la sainteté face à Dorine, à qui il demande de couvrir son décolleté (acte III, scène 2, v. 860). Il feint également de se présenter comme « pécheur », suite à la révélation de Damis (acte III, scène 6, v. 1075). Orgon est pour lui le spectateur idéal, dupe de l'illusion théâtrale qu'il lui offre. Lorsqu'il veut obtenir la soumission d'Elmire à ses désirs, il joue la comédie de la galanterie, pour masquer la brutalité de ses pulsions.

La première stratégie d'Elmire échoue à cause de Damis, témoin caché de la scène où elle s'entretient avec Tartuffe (acte III, scène 3). Alors qu'il a promis à Dorine de ne pas se « mettre en courroux » (acte III, scène 1, v. 851), le jeune homme interrompt sa belle-mère qui était en train d'exercer un chantage sur Tartuffe : Elmire garantissait de garder le silence sur les avances que lui avait faites le faux dévot ; en échange, celui-ci devait renoncer à son mariage avec Mariane. Placé dans une position comparable à celle de son père à la scène 5 de l'acte IV, Damis commet à ce moment l'imprudence de faire échouer le spectacle. Par son caractère impétueux et irréfléchi, le jeune homme sape le plan élaboré par Elmire, bien décidée à contrecarrer les projets du faux dévot.

La scène 5 de l'acte IV offre l'exemple le plus abouti de « théâtre dans le théâtre », qui permet la révélation de la vérité, aux yeux d'Orgon. Elmire fait de son mari le spectateur d'une scène dont elle dresse le décor : « Approchons cette table, et vous mettez dessous » (acte IV, scène 4, v. 1360). Elle lui confie la responsabilité d'interrompre son entrevue avec Tartuffe quand il le jugera nécessaire. Dans la position du voyeur, qui aimerait pouvoir observer le spectacle, Orgon écoute avec une étonnante patience Elmire inviter progressivement le dévot à se révéler et Tartuffe exprimer son désir pour elle. Renonçant à toute prudence, Elmire veut que l'expérience aille à son terme, pour que son mari soit entièrement désabusé. Lorsqu'il reparaît, elle lui fait même cette réprimande : « Quoi ? vous sortez si tôt ? vous vous moquez des gens » (acte IV, scène 6, v. 1531). La comédie qu'elle doit jouer la gêne sans doute, mais il n'est pas improbable qu'elle ait aussi éprouvé le plaisir de faire l'actrice et de manipuler autrui.

LA MORALITÉ DU THÉÂTRE

La fourberie est immorale, mais le jeu théâtral, divertissement au service de l'instruction des hommes, ne saurait être condamné. Molière défend ainsi la moralité de la comédie, généralement critiquée avec une injuste sévérité par les dévots, qui oublient qu'elle permet de révéler aux hommes la vérité de leurs ridicules.

Les vertus du mensonge

En société, le mensonge est la règle, bien plus que l'exception. Il n'est pas seulement plus efficace que la vérité pour s'imposer face à autrui, dans les rapports de pouvoir complexes qui opposent les individus entre eux. Il peut aussi être utilisé à des fins morales. Alors que son mari l'a accusée d'« imposture » (acte IV, scène 3, v. 1350), Elmire fait le choix dans la scène 5 de l'acte IV de renoncer à toute sincérité face à Tartuffe, en feignant d'être sensible à ses charmes. Ce n'est pas par plaisir, mais poussée par l'incrédulité de son mari, qu'elle le fait. Elle précise toutefois au faux dévot : « C'est contre mon humeur que j'ai fait tout ceci :/Mais on m'a mise au point de vous traiter ainsi » (acte IV, scène 7, v. 1551-1552). Elle a menti parce qu'elle n'avait plus d'autre choix. Cléante, qui incarne pourtant la raison et la modération, souhaite lui aussi que l'on cherche des « biais » face à Tartuffe, au lieu de l'attaquer de façon frontale (acte V, scène 1, v. 1600). Lorsque la confrontation est trop dangereuse et vouée à l'échec, Cléante accepte de faire des compromis avec certaines de ses valeurs et de renoncer à un idéal de sincérité à tout prix.

Le mensonge théâtral pour « corriger les vices des hommes[1] »

Molière lui-même considère probablement comme plus raisonnable et plus prudent d'user de « biais » face aux faux dévots, y compris face à ses adversaires dans la querelle du *Tartuffe*. Pour leur répondre, il utilise les ressources de la comédie, qui lui permet de dénoncer leur hypocrisie sous le masque léger du rire et de la raillerie.

Pour instruire les hommes, prisonniers du mensonge, le théâtre se révèle en fait la plupart du temps plus susceptible d'être écouté que le sermon, qui présente la morale de manière trop austère. Molière affirme dans sa Préface que « les plus beaux traits d'une sérieuse morale sont moins puissants, le plus souvent, que ceux de la satire » (p. 13, l. 78-80). Le pouvoir de la comédie repose sur l'imagination et sur la curiosité, irrépressibles ressorts de l'esprit humain. La représentation développe en chaque spectateur le plaisir du regard, au risque selon les dévots, de le détourner de la spiritualité. Pour Molière, elle propose une fiction, une forme de mensonge dont les hommes ont besoin, car elle corrige leurs vices sans moralisme excessif. Dans sa Préface, sous forme de fausse hypothèse, il avance une idée à laquelle il donne valeur de vérité : « Mais, supposé,

---

1. Extrait de la Préface (p. 13, l. 74-75).

comme il est vrai, que les exercices de la piété souffrent des intervalles et que les hommes aient besoin de divertissement, je soutiens qu'on ne leur en peut trouver un qui soit plus innocent que la comédie » (p. 18, l. 198-201). Si l'on accepte de renoncer à tout idéalisme moral et de voir les hommes tels qu'ils sont, et non tels qu'ils devraient être, on doit considérer la comédie comme le moyen le plus

La *mimesis*

La querelle de la moralité du théâtre, qui est particulièrement vive au XVIIᵉ siècle, met en avant les dangers de la *mimesis*, terme grec signifiant *imitation* et concept développé, entre autres, par Platon et par Aristote, dans sa *Poétique*. Cette représentation est suspecte, pour les dévots, de détourner les hommes de l'être, au profit des trompeuses séductions du paraître.

efficace pour les instruire. À l'image d'Elmire, qui ne fait pas échouer Tartuffe, la comédie ne change rien, mais elle permet une prise de conscience salutaire. Elle dévoile les vices et les ridicules, pour que les hommes les acceptent, trouvent les moyens de vivre, malgré tout, et prennent finalement le seul parti possible : celui d'en rire.

CONCLUSION

Le sens moral de la pièce ne se réduit donc pas à la condamnation sans appel de l'imposture. À l'image de Cléante, Molière fait le choix du juste milieu : il condamne le mensonge, quand il est un moyen soumis à des fins elles-mêmes condamnables, mais il invite à le tolérer, comme un moindre mal et comme une ruse dont la morale a parfois besoin pour que la vérité triomphe. Cette défense sous conditions du mensonge est en même temps une défense du théâtre. Le spectacle, qui met en scène les passions et qui parle au regard et aux émotions du spectateur, est une forme de mensonge qui ne saurait pour autant constituer un danger pour l'esprit. Dans les *Pensées* (1670), Pascal considère le théâtre comme un « divertissement », une vaine réponse à l'ennui, un moyen pour l'homme d'oublier la « misère » de sa condition de mortel en se détournant des exigences rigoureuses de la morale et de la foi. Molière pense au contraire que la comédie, en permettant la mise à distance lucide et apaisée de la mélancolie, peut être un instrument de la longue et difficile recherche de la sagesse.

VERS LA DISSERTATION

Dans sa Préface, Molière affirme qu'il a mis « tout l'art et tous les soins qu'il [lui] a été possible pour bien distinguer le personnage de l'hypocrite d'avec celui du vrai dévot » (p. 12, l. 47-49). Vous expliquerez et discuterez cette affirmation, en vous appuyant sur vos connaissances et sur votre propre lecture de l'œuvre.

Pour préparer la dissertation, vous répondrez aux questions suivantes.

QUESTIONS

1. Montrez que *Le Tartuffe* est une pièce qui raille la fausse dévotion, et non la dévotion elle-même.

2. En songeant aux arguments des adversaires de Molière, dans la querelle, et en vous appuyant sur une analyse du personnage de Tartuffe, expliquez pourquoi la pièce a choqué les dévots.

3. Enfin essayez de caractériser la sagesse que Molière défend dans sa pièce et qui ne se confond ni avec la bigoterie, ni avec le libertinage tel que ses adversaires l'entendent.

OBJECTIF BAC

SUJET D'ÉCRIT **1** Maîtres et valets de comédie

DOCUMENTS
   A. MOLIÈRE, **Le Tartuffe** (1669), acte I, scène 4
   B. MARIVAUX, **L'Île des esclaves** (1725), scène 1
   C. BEAUMARCHAIS, **Le Mariage de Figaro** (1784), acte I, scène 2

DOCUMENT A
MOLIÈRE, **Le Tartuffe** (1669), acte I, scène 4
« Ah ! mon frère [...] sa convalescence. » ➡ p. 39-41, v. 223-258

> *Orgon, le maître de maison, vient de rentrer chez lui après quelque*
> *jours d'absence. Auprès de Dorine, sa servante, il prend des nouvelles d*
> *Tartuffe, directeur de conscience qui le fascine, mais que la majeure parti*
> *de sa famille considère comme un hypocrite.*

DOCUMENT B
MARIVAUX, **L'Île des esclaves** (1725), scène 1

> *Iphicrate et Arlequin sont les survivants d'un naufrage. Ils sont su*
> *l'île des esclaves, un lieu où la hiérarchie traditionnelle entre maîtres e*

valets est inversée. Iphicrate est particulièrement inquiet. Au contraire,
Arlequin, son ancien esclave, ne tarde pas à revendiquer sa liberté.

Iphicrate s'avance tristement sur le théâtre avec Arlequin.

IPHICRATE, *après avoir soupiré.* – Arlequin ?

ARLEQUIN, *avec une bouteille de vin qu'il a à sa ceinture.* – Mon patron !

IPHICRATE. – Que deviendrons-nous dans cette île ?

5 ARLEQUIN. – Nous deviendrons maigres, étiques[1], et puis morts de faim ; voilà mon sentiment et notre histoire.

IPHICRATE. – Nous sommes seuls échappés du naufrage ; tous nos amis ont péri, et j'envie maintenant leur sort. [...] Si je ne me sauve, je suis perdu ; je ne reverrai jamais Athènes, car nous
10 sommes seuls dans l'île des Esclaves.

ARLEQUIN. – Oh ! oh ! qu'est-ce que c'est que cette race-là ?

IPHICRATE. – Ce sont des esclaves de la Grèce révoltés contre leurs maîtres, et qui depuis cent ans sont venus s'établir dans une île, et je crois que c'est ici : tiens, voici sans doute quelques-unes de leurs
15 cases ; et leur coutume, mon cher Arlequin, est de tuer tous les maîtres qu'ils rencontrent, ou de les jeter dans l'esclavage.

ARLEQUIN. – Eh ! chaque pays a sa coutume ; ils tuent les maîtres, à la bonne heure ; je l'ai entendu dire aussi ; mais on dit qu'ils ne font rien aux esclaves comme moi.

20 IPHICRATE. – Cela est vrai.

ARLEQUIN. – Eh ! encore vit-on.

IPHICRATE. – Mais je suis en danger de perdre la liberté et peut-être la vie : Arlequin, cela ne suffit-il pas pour me plaindre ?

ARLEQUIN, *prenant sa bouteille pour boire.* – Ah ! je vous plains de
25 tout mon cœur, cela est juste. [...]

IPHICRATE. – Méconnais-tu ton maître, et n'es-tu plus mon esclave ?

ARLEQUIN, *se reculant d'un air sérieux.* – Je l'ai été, je le confesse à ta honte, mais va, je te le pardonne ; les hommes ne valent rien. Dans le pays d'Athènes, j'étais ton esclave ; tu me traitais comme
30 un pauvre animal, et tu disais que cela était juste, parce que tu étais le plus fort. Eh bien ! Iphicrate, tu vas trouver ici plus fort

---

1. *Étiques* : décharnés.

que toi ; on va te faire esclave à ton tour ; on te dira aussi que cela
est juste, et nous verrons ce que tu penseras de cette justice-là ; tu
m'en diras ton sentiment, je t'attends là. Quand tu auras souffert,
35 tu seras plus raisonnable ; tu sauras mieux ce qu'il est permis de
faire souffrir aux autres. Tout en irait mieux dans le monde, si ceux
qui te ressemblent recevaient la même leçon que toi. Adieu, mon
ami ; je vais trouver mes camarades et tes maîtres.
Il s'éloigne.

40 IPHICRATE, *au désespoir, courant après lui, l'épée à la main.* – Juste
ciel ! peut-on être plus malheureux et plus outragé que je le suis ?
Misérable ! tu ne mérites pas de vivre.

ARLEQUIN. – Doucement ; tes forces sont bien diminuées, car je
ne t'obéis plus, prends-y garde.

DOCUMENT C

BEAUMARCHAIS, **Le Mariage de Figaro** (1784), acte I, scène 2

> *Figaro, « concierge » du comte Almaviva, doit se marier avec Suzanne.*
> *Mais le comte, avec l'aide de Bazile, veut faire valoir son droit de cuissage,*
> *qui doit lui permettre de faire de Suzanne sa maîtresse, avant la nuit de*
> *noces. Figaro, resté seul, exprime son indignation et réfléchit à une stratégie,*
> *pour interdire à son maître de parvenir à ses fins.*

FIGARO, *seul.* – La charmante fille ! toujours riante, verdissante[1], pleine
de gaieté, d'esprit, d'amour et de délices ! mais sage ! *(Il marche
vivement en se frottant les mains.)* Ah ! Monseigneur ! mon cher
Monseigneur ! vous voulez m'en donner… à garder ? Je cherchais
5   aussi pourquoi m'ayant nommé concierge, il m'emmène à son
ambassade, et m'établit courrier de dépêches[2]. J'entends, monsieur
le Comte ; trois promotions à la fois : vous, compagnon ministre ;
moi, casse-cou politique, et Suzon, dame du lieu, l'ambassadrice
de poche, et puis ; fouette courrier ! Pendant que je galoperais d'un

---

1. *Verdissante* : pleine de vie, témoignant de sa vigueur.

2. *Courrier de dépêches* : porteur de lettres ou de messages relatifs à des affaires publiques. Le comte
a été nommé ambassadeur d'Espagne à Londres. Il propose à Figaro de devenir son porteur de
dépêches. Pendant l'absence de son valet, il pourrait ainsi assouvir ses désirs avec Suzanne.

10 côté, vous feriez faire de l'autre à ma belle un joli chemin ! Me
crottant, m'échinant pour la gloire de votre famille ; vous, daignant
concourir à l'accroissement de la mienne ! Quelle douce réciprocité !
Mais, Monseigneur, il y a de l'abus. Faire à Londres, en même temps,
les affaires de votre maître et celles de votre valet ! représenter à la fois
15 le Roi et moi dans une Cour étrangère, c'est trop de moitié, c'est
trop. – Pour toi, Bazile ! fripon mon cadet ! je veux t'apprendre à
clocher devant les boiteux ; je veux… Non, dissimulons avec eux,
pour les enferrer l'un par l'autre. Attention sur la journée, monsieur
Figaro ! D'abord avancer l'heure de votre petite fête, pour épouser plus
20 sûrement ; écarter une Marceline[1] qui de vous est friande en diable ;
empocher l'or et les présents ; donner le change aux petites passions de
monsieur le Comte ; étriller[2] rondement monsieur du Bazile, et…

QUESTION SUR LE CORPUS (6 points)

Dans chacun des textes du corpus, vous analyserez les rapports entre le
maître et son valet. Vous montrerez dans quelle mesure le valet se révèle
être le véritable maître du jeu.

TRAVAUX D'ÉCRITURE (14 points)

Commentaire

Vous commenterez l'extrait du *Tartuffe* de Molière (document A).

Pour les séries technologiques

Vous pourrez vous appuyer sur le parcours de lecture suivant.

1. Vous montrerez que cette scène complète l'exposition en faisant
apparaître clairement les relations entre Orgon et Tartuffe.

2. Vous vous demanderez sur quoi repose le comique de cette scène et
vous analyserez les procédés du comique.

3. Vous montrerez enfin que cette scène propose une critique très sévère
de la fausse dévotion.

---

1. Marceline aime Figaro et voudrait l'épouser.

2. *Étriller* : malmener.

Dissertation

L'un des personnages du *Tartuffe*, Madame Pernelle, considère que Dorine, la suivante, est « Un peu trop forte en gueule, et fort impertinente » (acte I, scène 1, v. 14). En vous appuyant sur votre lecture des textes du corpus, ainsi que sur votre culture personnelle, vous vous interrogerez sur le sens et sur la portée de cette « impertinence » du valet de comédie à l'égard de son maître.

Écriture d'invention

Suite à son dialogue avec Orgon, Dorine se retrouve seule. Elle réfléchit à la naïveté de son maître et aux moyens de le désabuser. Elle rêve à un système utopique, qui consacrerait la domination du valet sur le maître. Vous écrirez son monologue. Vous pourrez utiliser le registre ironique.

SUJET D'ÉCRIT **2** La représentation du dépit amoureux

DOCUMENTS

   A. MOLIÈRE, *Le Tartuffe* (1669), acte II, scène 4

   B. JEAN RACINE, *Bérénice* (1670), acte IV, scène 5

   C. ALFRED DE MUSSET, *On ne badine pas avec l'amour* (1834), acte III, scène 8

DOCUMENT A

MOLIÈRE, *Le Tartuffe* (1669), acte II, scène 4
« Hé quoi ? vous voudriez […] ce qu'elle a voulu. »
➡ p. 73-76, v. 737-759

> *Valère a appris qu'Orgon, en père de famille tyrannique, souhaite que sa fille Mariane se marie avec Tartuffe, un dévot sensuel et hypocrite. Il vient demander des explications à Mariane, dont il est amoureux. Celle-ci se révèle incapable de lui faire part de son dégoût pour Tartuffe. Valère en est très affecté.*

Jean Racine, **Bérénice** (1670), acte IV, scène 5

Titus aime Bérénice et doit l'épouser. Mais Rome désapprouve le mariage entre son empereur et une reine étrangère. Titus, pour des raisons politiques, décide de renoncer à son amour pour Bérénice. Quand elle apprend cette décision, la jeune femme laisse libre cours à l'expression de son désespoir.

TITUS

Il en est temps. Forcez votre amour à se taire ;
Et d'un œil que la gloire et la raison éclaire
Contemplez mon devoir dans toute sa rigueur.
Vous-même contre vous fortifiez mon cœur ;
5 Aidez-moi, s'il se peut, à vaincre sa faiblesse,
À retenir des pleurs qui m'échappent sans cesse ;
Ou, si nous ne pouvons commander à nos pleurs,
Que la gloire du moins soutienne nos douleurs ;
Et que tout l'univers reconnaisse sans peine
10 Les pleurs d'un empereur et les pleurs d'une reine.
Car enfin, ma Princesse, il faut nous séparer.

BÉRÉNICE

Ah ! cruel ! est-il temps de me le déclarer ?
Qu'avez-vous fait ? Hélas ! je me suis crue aimée. […]

TITUS

[…] Je sais tous les tourments où ce dessein me livre,
15 Je sens bien que sans vous je ne saurais plus vivre,
Que mon cœur de moi-même est prêt à s'éloigner,
Mais il ne s'agit plus de vivre, il faut régner.

BÉRÉNICE

Eh bien ! régnez, cruel, contentez votre gloire :
Je ne dispute plus. J'attendais, pour vous croire,
20 Que cette même bouche, après mille serments
D'un amour qui devait unir tous nos moments,

Cette bouche, à mes yeux s'avouant infidèle,
M'ordonnât elle-même une absence éternelle.
Moi-même j'ai voulu vous entendre en ce lieu.
25 Je n'écoute plus rien, et pour jamais : adieu…
Pour jamais ! Ah, Seigneur ! songez-vous en vous-même
Combien ce mot cruel est affreux quand on aime ?
Dans un mois, dans un an, comment souffrirons-nous,
Seigneur, que tant de mers me séparent de vous ?
30 Que le jour recommence et que le jour finisse,
Sans que jamais Titus puisse voir Bérénice,
Sans que de tout le jour je puisse voir Titus ?
Mais quelle est mon erreur, et que de soins perdus !
L'ingrat, de mon départ consolé par avance,
35 Daignera-t-il compter les jours de mon absence ?
Ces jours si longs pour moi lui sembleront trop courts.

DOCUMENT C

Alfred de Musset, ***On ne badine pas avec l'amour*** (1834), acte III, scène 8

Camille et Perdican sont promis au mariage. Camille, qui se méfie de l'amour et qui a décidé d'entrer au couvent, reste toutefois sourde aux discours de Perdican, qui s'efforce de la rendre jalouse en se fiançant avec Rosette, une paysanne. Camille et Perdican finissent cependant par s'avouer leur amour face à Rosette, qui en meurt de désespoir. Les deux jeunes gens, accablés par le sentiment de leur culpabilité, sont contraints de se séparer.

Perdican. – Insensés que nous sommes ! nous nous aimons. Quel songe avons-nous fait, Camille ? Quelles vaines paroles, quelles misérables folies ont passé comme un vent funeste entre nous deux ? Lequel de nous a voulu tromper l'autre ? Hélas !
5 cette vie est elle-même un si pénible rêve : pourquoi encore y mêler les nôtres ? ô mon Dieu ! le bonheur est une perle si rare dans cet océan d'ici-bas ! Tu nous l'avais donné, pêcheur céleste, tu l'avais tiré pour nous des profondeurs de l'abîme, cet inestimable joyau ; et nous, comme des enfants gâtés que nous

10 sommes, nous en avons fait un jouet. Le vert sentier qui nous amenait l'un vers l'autre avait une pente si douce, il était entouré de buissons si fleuris, il se perdait dans un si tranquille horizon ! Il a bien fallu que la vanité, le bavardage et la colère vinssent jeter leurs rochers informes sur cette route céleste, qui nous
15 aurait conduits à toi dans un baiser ! Il a bien fallu que nous nous fissions du mal, car nous sommes des hommes. O insensés ! nous nous aimons.

Il la prend dans ses bras.

CAMILLE. – Oui, nous nous aimons, Perdican ; laisse-moi le sentir
20 sur ton cœur. Ce Dieu qui nous regarde ne s'en offensera pas ; il veut bien que je t'aime ; il y a quinze ans qu'il le sait.

PERDICAN. – Chère créature, tu es à moi !

Il l'embrasse ; on entend un grand cri derrière l'autel.

CAMILLE. – C'est la voix de ma sœur de lait.

25 PERDICAN. – Comment est-elle ici ? Je l'avais laissée dans l'escalier, lorsque tu m'as fait rappeler. Il faut donc qu'elle m'ait suivi sans que je m'en sois aperçu.

CAMILLE. – Entrons dans cette galerie ; c'est là qu'on a crié.

PERDICAN. – Je ne sais ce que j'éprouve ; il me semble que mes
30 mains sont couvertes de sang.

CAMILLE. – La pauvre enfant nous a sans doute épiés ; elle s'est encore évanouie ; viens, portons-lui secours ; hélas tout cela est cruel.

PERDICAN. – Non, en vérité, je n'entrerai pas ; je sens un froid
35 mortel qui me paralyse. Vas-y, Camille, et tâche de la ramener. *(Camille sort.)* Je vous en supplie, mon Dieu ! ne faites pas de moi un meurtrier ! Vous voyez ce qui se passe ; nous sommes deux enfants insensés, et nous avons joué avec la vie et la mort ; mais notre cœur est pur ; ne tuez pas Rosette, Dieu juste ! Je lui
40 trouverai un mari, je réparerai ma faute ; elle est jeune, elle sera riche, elle sera heureuse ; ne faites pas cela, ô Dieu ! vous pouvez bénir encore quatre de vos enfants. Eh bien ! Camille, qu'y a-t-il ?

Camille rentre.

45 CAMILLE. – Elle est morte. Adieu, Perdican !

QUESTION SUR LE CORPUS (6 points)

Vous analyserez l'expression du dépit amoureux dans chacun des textes du corpus, en vous appuyant, en particulier, sur une caractérisation de leur registre.

TRAVAUX D'ÉCRITURE (14 points)

Commentaire

Vous commenterez l'extrait du *Tartuffe* de Molière (document A).

Pour les séries technologiques
Vous pourrez vous appuyer sur le parcours de lecture suivant.
1. Vous analyserez la dimension comique de cette scène de dépit amoureux entre les deux jeunes gens.
2. Vous montrerez également que cette scène souligne l'incommunicabilité et les obstacles à la sincérité entre les personnages.

Dissertation

En vous appuyant sur votre lecture des textes du corpus, ainsi que sur votre culture personnelle, vous vous demanderez si la visée essentielle du théâtre vous semble être uniquement de représenter les conflits d'amour-propre.

Écriture d'invention

Mariane écrit une lettre à Valère, après son départ. Elle tente de lui exprimer son amour et de lui expliquer ses difficultés à être absolument sincère dans le dialogue avec lui, ainsi que dans toute forme de situation sociale. Vous écrirez cette lettre.

SUJET D'ORAL **1** Vrais et faux dévots

MOLIÈRE, *Le Tartuffe* (1669), acte I, scène 5
« Voilà de vos pareils [...] soit dit en passant, mon beau-frère. »
⟹ p. 44-45, v. 318-345

Question

Analysez, dans l'extrait, la distinction que fait Cléante entre les vrais et les faux dévots.

Pour vous aider à répondre

Montrez que cet extrait est structuré par une antithèse entre la sincérité et l'hypocrisie, qui recouvre l'opposition entre vraie et fausse dévotion.

Montrez que Cléante récuse l'amalgame que fait Orgon entre la critique de la fausse dévotion et le libertinage. Vous vous interrogerez sur le sens que peut revêtir, pour Molière, une telle distinction, dans la polémique qui l'oppose à ses adversaires au sujet de la pièce.

Montrez que, dans cette tirade, Cléante nous apparaît comme un « honnête homme », soucieux de la vérité et de la juste mesure en matière de morale et de religion.

Comme à l'entretien

1. Pensez-vous que, dans la pièce, on puisse considérer Cléante comme un personnage parfaitement raisonnable ? Connaissez-vous d'autres personnages de ce type, dans les comédies de Molière ?

2. *Le Tartuffe* a été, pour Molière, l'objet d'une querelle très vive et durable. Pouvez-vous en rappeler brièvement les étapes et les enjeux ?

3. En vous appuyant sur d'autres personnages de comédie que vous connaissez, montrez que Molière s'est souvent attaché à dénoncer l'hypocrisie.

4. Quel(s) problème(s) pose(nt), selon vous, la représentation d'un hypocrite au théâtre ? Quels sont les signes que l'on peut donner sur scène de la fausseté du comportement d'un personnage ?

| SUJET D'ORAL | **2** La première apparition scénique du personnage principal |

MOLIÈRE, *Le Tartuffe* (1669), acte III, scène 2
« Laurent, serrez ma haire […] je vous laisse ensemble. »
⟹ p. 83-84, v. 853-878

Question

Montrez que, lorsqu'il paraît sur scène, Tartuffe est conforme au portrait de lui en « *scélérat* » (acte IV, scène 5) que les personnages raisonnables de la famille ont fait de lui.

Pour vous aider à répondre

Analysez les pratiques religieuses de Tartuffe et le caractère ostentatoire de sa dévotion. Vous vous interrogerez, par exemple, sur le rôle des didascalies et des jeux de scène, dans la démonstration de son hypocrisie.

Montrez que la dévotion de Tartuffe apparaît clairement comme le masque de son désir. Analysez en particulier le rôle de Dorine dans la mise en évidence de son hypocrisie.

Pourquoi, selon vous, Tartuffe se « radoucit »-il (acte III, scène 2, v. 875) à l'annonce de son entretien avec Elmire ?

Montrez que, dans cette scène, le personnage paraît à la fois comique, du fait de son outrance et de la dissociation que l'on perçoit entre son être et les apparences qu'il donne, et inquiétant, parce que sa maîtrise du discours le rend très difficile à confondre.

Comme à l'entretien

1. Les pratiques et le vocabulaire de Tartuffe peuvent être interprétés comme ceux d'un hypocrite, mais ils sont aussi ceux d'un vrai dévot. Expliquez pourquoi une scène de ce type a pu choquer les adversaires de Molière.

2. Quel est, selon vous, le rôle du corps et de la sexualité dans la pièce ? Montrez qu'à travers Tartuffe, Molière ne condamne pas le désir, mais son refoulement hypocrite.

3. Pouvez-vous citer d'autres pièces dans lesquelles la première apparition du personnage principal a ainsi été longtemps différée ? Quel est l'effet, selon vous, d'un tel procédé ?

4. « Couvrez ce sein que je ne saurais voir » (acte III, scène 2, v. 860) : une telle réplique est restée dans notre mémoire collective, comme la révélation comique et universelle de l'hypocrisie des hommes. Montrez en quoi les personnages de Molière, s'ils sont en partie inscrits dans leur époque, sont surtout atemporels et peuvent ainsi émouvoir les spectateurs d'aujourd'hui.

SUJET D'ORAL **3** Le discours amoureux

MOLIÈRE, **Le Tartuffe** (1669), acte III, scène 3
« La déclaration […] du plaisir sans peur. »
➡ p. 89-91, v. 961-1000

Question

Analysez le discours amoureux de l'hypocrite.

Comme à l'entretien

1. Montrez que, dans la pièce, Tartuffe joue certes essentiellement un rôle de dévot, mais aussi le rôle plus farcesque de l'amant.

2. Pouvez-vous préciser ce que vous connaissez des règles de l'esthétique classique ? Expliquez dans quelle mesure celles-ci autorisent, selon vous, la représentation du désir sur la scène de théâtre.

3. Pouvez-vous citer au moins un autre genre littéraire, et plus précisément d'autres œuvres, dans lesquelles l'objet d'amour est sacralisé ? À quel type de rhétorique amoureuse un tel procédé fait-il référence ?

4. Quels sont, selon vous, les points communs entre le genre poétique et le genre théâtral ? Pensez-vous que la comédie soit particulièrement propice à l'expression poétique ? Quelle est la place de la poésie dans la tragédie ?

SUJET D'ORAL   **4** L'éloge du Prince

MOLIÈRE, *Le Tartuffe* (1669), acte V, scène dernière
« Remettez-vous […] il se souvient du bien. »
➡ p. 144-145, v. 1905-1944

Question

Montrez que le Prince est le seul vrai acteur du dénouement.

Comme à l'entretien

1. Comparez ce dénouement à d'autres dénouements de comédie que vous connaissez. Selon vous, quel est l'intérêt pour le dramaturge de faire intervenir un *deus ex machina* pour trouver une issue à l'intrigue ?

2. Si vous songez au contexte de l'époque classique, dans lequel la pièce s'inscrit, pourquoi, selon vous, la sagesse pouvait-elle conduire à se méfier des polémiques et des conflits inspirés par des motifs moraux et religieux ?

3. Pouvez-vous préciser quels étaient les liens entre Molière et Louis XIV ? Cette proximité entre les artistes et le pouvoir vous semble-t-elle exceptionnelle, à l'époque ?

4. Connaissez-vous d'autres œuvres de l'époque classique dans lesquelles il est question de Louis XIV ? Pensez-vous que les auteurs étaient forcément condamnés à se comporter en courtisans et à faire l'éloge du roi ? Dans quelle mesure et selon quelles modalités la critique était-elle possible ?

POUR ALLER PLUS LOIN

À lire, à voir...

SUR LE THÉÂTRE CLASSIQUE

- CONESA Gabriel, *La Comédie de l'âge classique (1630-1715)*, Le Seuil, 1995.
- GILOT Michel et SERROY Jean, *La Comédie à l'âge classique*, Belin, 1997.
- SCHERER Jacques, *La Dramaturgie classique en France*, Nizet, 1986.
- UBERSFELD Anne, *Lire le théâtre I, II et III*, Belin, 1996.

SUR MOLIÈRE ET SUR SON ŒUVRE

- DANDREY, Patrick, *Molière ou l'Esthétique du ridicule*, Klincksieck, 1992.
- DEFAUX Gérard, *Molière ou les Métamorphoses du comique. De la comédie morale au triomphe de la folie*, Klincksieck, 1992.
- DUCHÊNE Roger, *Molière*, Fayard, 1998.
- FORESTIER Georges, *Molière*, coll. « En toutes lettres », Bordas, 1990.
- MOLIÈRE, *Œuvres complètes*, coll. «Bibliothèque de La Pléiade», Gallimard, 1971, 2 volumes. Pour la lecture du *Tartuffe*, on peut en particulier se reporter utilement aux œuvres suivantes : *L'École des femmes* (1662), vol. 1 ; *Dom Juan ou le Festin de Pierre* (1665), *Le Misanthrope ou l'Atrabilaire amoureux* (1666), vol. 2.

SUR *LE TARTUFFE*

- Ferreyrolles Gérard, *Molière : Tartuffe*, coll. « Études littéraires », PUF, 1987.

- Guicharnaud Jacques, *Molière, une aventure théâtrale*, Gallimard, 1963.

- Schérer Jacques, *Structures de Tartuffe*, SEDES, 1974.

SITES CONSACRES À MOLIÈRE ET À SON ŒUVRE

- http://www.toutmoliere.net
- http://www.site-moliere.com
- http://www.comedie-francaise.fr/institutionmoliere. php

Ces sites comportent des éléments biographiques, des données contextuelles et des informations sur les œuvres de Molière.

UN FILM À VOIR

- *Molière*, d'Ariane Mnouchkine, 1978.

 Achevé d'imprimer par Grafica Veneta à Trebaseleghe - Italie
Dépôt légal n° 95891-5/02 - mars 2012